관료제

Wesen, Voraussetzungen und Entfaltung der bürokratischen Herrschaft

Max Weber

관료제

Wesen, Voraussetzungen und Entfaltung der
bürokratischen Herrschaft

막스 베버 지음
이상률 옮김

문예출판사

차례

관료제

- 관료제 지배의 본질, 전제 조건 및 발전 ──── 9
  1. 근대 관료제의 특수한 기능 방식 ──── 9
  2. 관료의 지위 ──── 13
  3. 관료제화의 전제와 수반 현상 ──── 22
  4. 관료제 기구의 지속적인 성격 ──── 62
  5. 관료제화의 경제적 및 사회적 결과 ──── 65
  6. 관료제의 권력 위상 ──── 68
  7. 합리적인 관료제 지배 구조의 발전 과정 ──── 75
  8. 교양과 교육의 "합리화" ──── 81

부록

- 관료제의 행정 직원을 갖춘
  합법적 지배 ──── 91

- 사회주의
  1918년 빈에서 오스트리아 장교들에게
  행한 일반 교양 강연 ──── 106

옮긴이의 말 ──── 154

일러두기

* 이 책은 막스 베버Max Weber가 쓴《경제와 사회Wirfschaft und Gellschaft》(J. C. B. Mohr, Tubingen, 1985, 제5판) 제2부 9장 〈지배 사회학〉의 2절 〈관료제 지배의 본질, 전제 조건 및 발전Wesen, Voraussetzungen und Entfaltung der bürokratischen Herrschaft〉을 번역한 것이다.

* 옮긴이의 주는 모두 각주로 처리했다.

관료제

관료제 지배의 본질,
전제 조건 및 발전*

1. 근대 관료제의 특수한 기능 방식

근대 관료제의 특수한 기능 방식은 다음과 같이 표현된다.

Ⅰ. 관청은 명확한 **권한**, 즉 규칙(법률이나 행정 규정)에 의해 일반적으로 질서정연한 **권한**을 갖는다는 원칙이 존재한다. 말하자면, ① 관료제로 지배되는 조직체의 목적상 필요한 통상적인 활동은 관직 의무로서 명확하게 분배되어 있다. ② 의무를 수행하는 데 필요한 명령권 역시 명확하게 분배되어 있다. 그리고 명령권에는 대개 (물리적, 종교적 또는 그 밖의) 강제 수단이 할당되어 있는데, 강제 수단은 규칙에

• Max Weber, 〈Wesen, Voraussetzung und Entfaltung der bürokratischen Herrschaft〉, 《Wirtschaft und Gesellschaft》, Tübingen: J. C. B. Mohr, 1972, S. 551-559.

의해 명확하게 그 한계가 그어져 있다. ③ 이렇게 분배된 의무를 규칙적으로 계속 수행하고 이에 상응한 권리를 행사하기 위해 계획적인 배려가 행해지는데, 이것은 일반적으로 정해진 자격을 갖춘 인물들에 의해 이루어진다.

이 세 가지 계기가 공법이 지배하는 영역에서는 관료제의 **"관청"**을 존속시키고, 사경제가 지배하는 영역에서는 관료제의 **"경영"**을 존속시킨다. 이런 의미에서 보면, 관료제 제도는 정치 공동체나 교회 공동체의 경우 근대 국가에서, 사경제의 경우 선진 자본주의 조직체에서 완전히 발달하였다. 명확한 권한을 가진 관청의 존속은 고대 오리엔트에서 볼 수 있는 매우 방대한 정치 조직에서도, 게르만족이나 몽골족의 정복 제국에서도, 또 수많은 봉건적인 국가 조직에서도 상례가 아니라 예외이다. 그곳의 지배자는 가장 중요한 조치들을 개인적인 심복, 같이 식사를 할 정도로 가까운 친구 또는 궁정 신하들을 통해 집행하지만, 이들이 지닌 임무나 권한은 개개의 경우에 일시적으로 마련된 것일 뿐 명확한 한계가 없었다.

Ⅱ. **관직 위계제**와 심급제의 원칙이 존재한다. 즉 상급 관청이 하급 관청을 감독하는 형태로 관청 간의 상하위 관계가 명확하게 정리된 체계가 있다. 이 체계는 동시에 명확하게 규정된 절차에 따라 하급 관청에서 상급 기관에 호소할 수 있는 가능성을 피지배자에게 제공한다. 이 유형의 체계가 완전히 발전되면 관직 위계제는 **단일 지도 체제**로 체계화된다. 위계상의 심급제 원칙은 국가나 교회의 경우와 마찬가지로 다른 모든 관료제적 조직체, 가령, 거대한 정당 조직이나 사적

인 대기업에도 존재한다. 이 사적인 기관들도 "관청"이라고 부르든 부르지 않든 상관없이 말이다. 그러나 "권한"의 원칙이 완전히 관철되더라도 적어도 공적인 관직에서는, 위계상 종속되어 있다고 해서 "상급" 기관이 "하급" 기관의 업무를 곧바로 자기에게 옮길 수 있는 권한을 갖지는 않는다. 그 반대가 상례이다. 따라서 일단 설치된 관직에 결원이 생기는 경우에는 변함없이 그 자리에 인원을 보충한다.

Ⅲ. 근대적인 직무 수행은 원본 또는 초안으로 보관되는 서류(문서)에 의거해서 이루어지는데, 이런 일은 갖가지 종류의 하급 공무원과 서기 등 직원들이 담당한다. 관청에서 일하는 관료들 전체는 여기에 따른 물적 재화 및 문서 장치와 함께 **"관청 사무실**Büro**"**(사기업에서는 종종 "회사 사무실Kontor"이라고 부른다)을 형성한다. 근대적인 관청 조직은 원칙적으로 관청 사무실과 사적인 주거 공간을 분리한다. 왜냐하면, 그것은 일반적으로 직무 활동을 별개의 영역으로 간주해 사생활 영역과 구분하고, 직무상의 금전이나 자금을 관료의 사유 재산과 구분하기 때문이다. 이러한 사정은 어디에서나 오랜 발전을 통해서야 비로소 얻어진 산물이다. 오늘날 이러한 사정은 공공 경영체에서도 사경제 경영체에서도 다 같이 나타난다. 게다가 후자의 경우에는 그런 현상이 지도적인 기업가에게까지도 확대되고 있다. 근대적인 유형의 업무 행동이 일관되게 행해질수록(그 맹아는 이미 중세에서 발견된다), 회사 사무실과 가정 살림, 사무상의 통신과 사적 통신, 회사 재산과 개인 재산은 근본적으로 구분된다.

이에 미친가지로 우리는 다음과 같은 짐을 근대적인 기업가의 특징으로 내세울 수 있다. 즉, 특히 관료제적인 근대 국가의 한 지배자 [프로이센의 프리드리히 2세]가 자신을 국가의 "첫 번째 하인"이라고 부른 것처럼, 근대적인 기업가는 그 기업의 "첫 번째 관료"처럼 처신한다. 국가의 관청 사무실 활동과 사경제의 회사 사무실 활동이 본질적으로 다르다는 관념은 유럽 대륙에나 있는 것일 뿐이다. 반면에 그런 관념은 미국인들에게서는 전혀 찾아볼 수 없다.

IV. 직무 활동, 적어도 모든 전문화된 직무 활동은—그리고 이것은 특히 근대적이다—보통 철저한 전문 교육을 전제로 한다. 이것은 또한 국가의 관료뿐만 아니라 사경제 기업의 근대적인 관리자나 직원에게도 더욱더 많이 요구된다.

V. 직무가 완전히 발전하면, 직무 활동은 관료의 모든 노동력을 요구한다. 이것은 사무실에서 그의 의무적인 노동 시간이 명확하게 한정될 수 있다는 사정과는 상관없다. 이것 역시 마찬가지로 정상적인 경우 공공 직무에서나 사경제 직무에서나 오랜 발전을 거쳐 비로소 얻어진 산물이다. 예전에는 모든 경우 이와 반대로 업무를 "부업으로" 처리하는 것이 정상적이었다.

VI. 관료의 직무 수행은 어느 정도 명확하고 또 어느 정도 완전하며 습득할 수 있는 일반적인 규정에 따라 행해진다. 그러므로 이 규정에 대한 지식은 특수한 기술학(따라서 법학, 행정학, 경영학)을 나타내며, 관리들은 이것을 습득한다.

근대적인 직무 수행이 규정에 구속되어 있다는 것은 그 직무 수행의 본질에 근거를 두고 있기 때문에, 근대의 과학 이론은, 예를 들면, 다음과 같이 가정할 정도이다. 규정에 따라 일정한 일을 처리하도록 하는 법적 권한을 관청에 부여했다는 것은 그때그때의 개별적인 명령에 따라 규정할 수 있는 권한을 관청에 부여했다는 뜻이 아니라, 단지 추상적으로 규제할 권한만을 부여했다는 뜻이다. 이것은 우리가 나중에 보게 되는 바와 같이, 예를 들면, 가산제를 완전히 지배하는 규제 방식과는 극단적으로 대조를 이룬다. 가산제는 신성한 전통에 의해서 확정되지 않은 모든 관계는 개인적인 특권이나 왕의 총애를 통해 규제하기 때문이다.

2. 관료의 지위

관리의 내적 및 외적 지위는 다음과 같은 결과를 가졌다.

I. 관직은 "**직업**"이다. 이것은 우선 대개의 경우 오랜 시간에 걸쳐 모든 노동력을 요구하는 명확하게 규정된 교육 과정을 필요로 한다는 점에서, 그리고 일반적으로 규정된 전문 시험의 합격이 임용의 전제 조건이라는 점에서 잘 나타난다. 이것은 또한 관료의 지위가 의무적인 성격을 갖고 있다는 점에서도 잘 나타난다. 이 의무적인 성격 때문에 관료가 관직에 대해 갖는 관계의 내적 구조는 다음과 같이 규정된다. 관직을 차지한다는 것은 법률상으로나 사실상으로나 일정한 일을 해준 것에 대한 대가도 요금이나 수수료를 징수할 수 있는 권한

을 갖는 것으로 간주되지 않을 뿐만 아니라(중세에는 보통 그랬으며, 근세 초기까지만 해도 자주 그랬다), 또한—자유로운 노동 계약의 경우처럼—일을 해준 것에 대한 통상적인 유상有償 교환으로도 간주되지 않는다. 관직에 취임한다는 것은 오히려 사경제에서도 안정된 생활을 보장해주는 것에 대한 대가로 특별한 **직무 충실 의무**를 떠맡는 것으로 간주된다.

근대적인 직무 충실의 특수한 성격에서 결정적인 점은 직무 충실이 순수한 유형에서는—예를 들면, 봉건제나 가산제의 지배 관계 경우처럼—한 인간과의 관계를 봉신이나 제자의 충성과 같은 식으로 만들어 내는 것이 아니라, 비인격적이고 **객관적인 목적**을 향한다는 것이다. 물론 객관적인 목적 뒤에는, 목적을 이데올로기적으로 미화하면서—세속적이든 초세속적이든—인격적인 지배자를 대신해 공동체에 실현됐다고 생각된 "문화 가치 이념"(즉 "국가", "교회", "자치 단체", "정당", "기업")이 흔히 존재한다. 예를 들어, 정치 관료는 적어도 완전히 발전한 근대 국가에서는 지배자의 개인적인 하인으로 간주되지 않는다.

그러나 주교, 사제, 목사도 사실상 오늘날에는 더 이상—원시 기독교 시대처럼—순전히 개인적인 카리스마를 가진 사람들이 아니다. 원시 기독교 시대에 그들은 구원재를 받을 가치가 있다고 생각되거나 그것을 요구하는 모든 사람에게 신으로부터 직접 위임을 받아 또 원칙적으로 신에 대해서만 책임을 지면서 초세속적인 구원재를 주었기 때문이다. 오히려 그들은—오랜 이론이 아직 부분적으로 명맥을 유지하고 있긴 하지만—어떤 객관적인 목적에 봉사하는 관료이다.

객관적인 목적은 오늘날 "교회"의 형태로 표현되어 있으며 동시에 다시 이데올로기로 신성화되어 있다.

Ⅱ. 그럼에도 불구하고 관료의 **개인적인** 지위는 다음과 같은 형태로 나타난다.

① 공적이든 사적이든 근대의 관료는 피지배자에 비해 특별히 높은 "신분상"의 **사회적 평가**를 언제나 추구하며, 또 대개는 그러한 평가를 누린다. 그의 사회적 지위는 서열 규정에 의해서 보장받는다. 그리고 국정에 참여하는 관료의 경우에는 "공무원 모독", 국가 관청이나 교회 관청의 "모욕" 등에 대한 특별한 형법 규정에 의해서 사회적 지위를 보장받는다. 관료들의 실제적인 사회적 지위가 가장 높은 경우는 다음과 같다. 즉 오랜 문화 국가에서 전문적으로 훈련된 행정에 대한 강한 요구가 있는 동시에 대규모의 안정된 사회 분화가 지배하는 경우, 그리고 사회의 권력 배분에 따라서 또는 규정된 전문 교육에는 비용이 많이 들기 때문이거나 신분적인 인습의 제약 때문에 관료가 주로 사회 경제상 특권층 출신인 경우이다.

관직에 종사할 수 있는 자격을 얻으려면 보통 교육 증서를 갖고 있어야 하는데, 이 교육 증서의 영향력은―이에 대해서는 다른 곳에서 논할 것이다―관료의 사회적 지위에서 "신분" 요소를 자연스럽게 강화시킨다. 그런데 이 신분 요소는 때때로―독일 군대에서처럼―공무원 생활을 희망하는 자들 중에서의 채용이 관료 집단(장교 집단) 구성원들의 동의("선거")에 달려있다는 규정에서 인상 깊은 명백한 승인을 얻는다. 이와 비슷하게 관료 세급의 소합석인 폐쇄성을 속신시키기는 전형적인 현상들은 과거의 가산제적인─특히 봉록제적인─관료 계급에서 찾아볼 수 있다. 이 같은 폐쇄성을 변형된 형태로 부활시키려는 노력은 근대의 관료 지배에서도 아주 드문 일이 결코 아니다. 그런 노력은, 예를 들면, [1905년의] 러시아 혁명 때 상당히 프롤레타리아화된 전문 관료들("제3분자tretij element"[1])의 요구에서도 어느 정도 역할을 하였다.

관료 자체의 사회적 평가가 다음과 같은 곳에서는 특히 낮은 경향이 있다. 즉─신이주 지역에서 종종 그런 것처럼─영리 활동을 할 수 있는 공간이 크고 사회 계층의 유동성이 심하기 때문에, 전문적으로 훈련된 행정에 대한 요구뿐만 아니라 신분상의 인습 지배도 특별히 약한 곳에서는 그런 경향이 있다. 특히 미국이 그렇다.

② 순수한 유형의 관료제의 관료는 상급 기관에 의해 **임명된다.** 피지배자들에 의해서 선출된 관료는 더 이상 순수 관료제의 인물이 아니다. 물론 선거가 형식적으로 존재한다고 해서, 그 배후에 정당 우두머리들에 의한 국가 기관 내부에서의 임명이 전혀 없다는 뜻은 아니다. 그런지 안 그런지의 여부는 헌법 조문이 아니라 정당 기구의 기능 방식에 달려 있다. 정당 기구가 확고하게 조직되어 있는 경우에는 형식상 자유로운 선거가 정당 우두머리에 의해 지명된 후보자에 대한 단순한 환호로 변할 수 있지만, 대개의 경우에는 지명된 두 후보자 중

---

1 제정 러시아에서 귀족, 성직자, 부르주아 이외의 계급 출신으로 지방자치단체에서 근무하는 사람을 가리킨다. 예를 들면, 의사, 농업 전문가, 간호사 등의 지식인 계급에 속하는 관리.

한 사람을 뽑기 위해 일정한 규칙에 따라 행해지는 투쟁으로 변할 수 있다.

그러나 어떤 사정 하에서도 피지배자들의 선거에 의한 관료 임명은 위계 질서에서 종속의 엄격성을 약화시킨다. 피지배자들의 선거로 임명된 관료는 심급제상 자기보다 위에 있는 관료들에게 원칙적으로 독립해 있다. 왜냐하면, 그는 자신의 지위를 "위로부터"가 아니라 "아래로부터" 얻기 때문이거나, 아니면 자신의 지위를 관직 서열에서 자기보다 상위에 있는 기관 자체로부터 얻지 않고, 그의 앞으로의 경력도 결정할 정당 권력자(보스)로부터 얻기 때문이다. 그의 출세는 행정직 내의 상사들에게 달려 있지 않거나, 또는 일차적으로는 이들에게 달려 있지 않다. 선출되지 않고 지배자에 의해 임명된 관리는—순전히 기술적으로 고찰하면—보통은 더 정확하게 역할을 수행한다. 그 이유는—다른 사정이 똑같다면—순전히 전문적인 관점과 자질이 그의 선발과 출세를 결정할 가능성이 한층 더 높기 때문이다. 비전문가인 피지배자들은 관직 후보자의 전문가로서의 자격 수준을 경험한 다음에야 비로소, 즉 나중에서야 알 수 있다. 결국 정당들은—아주 자연스러운 일이지만—어떤 식으로든 선거를 통해 관료를 임명할 때에는—임명이 후보자 명단을 작성할 때 정당 권력자가 형식상으로는 자유롭게 선출된 관료를 지명하는 것이든, 또는 임명이 당시에 선출된 정당 우두머리에 의한 자유로운 임명이든 간에—전문적인 관점이 아니라 정당 권력자에 대한 헌신적인 충성을 결정적인 것으로 여긴다. 물론 이러한 대조는 상대적이다. 왜냐하면, 정통성을 갖춘 군수와 신하가 관료를 임명할 때도 사실상 똑같기 때문이다. 단지 이 경우에는 군주 추종자들의 영향력은 통제하기가 한층 더 어렵다는 점이 다를 뿐이다.

전문적으로 훈련된 행정에 대한 요구가 현저하거나 또는 — 현재 미국에서도 그런 것처럼 — 현저해지고 있는 곳에서는, 그리고 정당의 추종자들이 지적으로 고도로 발달하고 훈련받았으며 자유롭게 움직이는 "여론"을 고려하지 않으면 안 되는 곳에서는(물론 미국에는 이러한 여론이 존재하지 않는다. 미국 어디에서나 도시에 사는 이주민 분자들이 "찬성 투표자" 역할을 하기 때문이다), 무자격 관료의 임명은 선거 때 여당에게 불이익을 초래한다. 관료가 정당 우두머리에 의해 임명될 때는 특히 그렇다. 따라서 행정 장관뿐만 아니라 그보다 아래에 있는 관료들까지도 국민이 선출할 경우 — 적어도 감독하기 힘들 정도로 큰 행정단체에서는 — 위계 질서상의 의존성이 약화될 뿐만 아니라 흔히 관료들의 전문 자격과 관료제 기구의 정확한 기능마저 한층 더 위태로워진다. 미국의 경우 선출된 판사에 비해 대통령이 임명한 연방 판사의 자격과 청렴성이 더 낮다는 것은 잘 알려져 있다. 비록 이 두 종류의 관료들은 우선 정당을 고려해서 선출되었지만 말이다.

이에 반해 개혁가들이 요구한 대도시 자치단체 행정의 모든 대개혁은 미국에서는 주로 선출된 시장들에 의해 착수되었다. 이들은 자신들이 **임명한** 관료기구를 가지고 — 따라서 "황제처럼" — 일하였다. 흔히 민주주의에서 자라나는 "시저주의Cäsarismus"[2]가 지배조직으로서

---

2 나폴레옹 1세(나폴레옹 보나파르트)와 나폴레옹 3세(루이 나폴레옹)가 취한 통치 빙식. 줄리어스 시저Julius Caesar가 한 것처럼 위로부터의 인위적인 선동을 통해 대중의 지지와 인

가진 능력은 일반적으로—기술적으로 보면—"시저[황제]"의 위상에 달려 있다. 그는 자유롭고 전통에 구속받지 않으면서 대중(군대나 시민)의 신임을 받는 자일 뿐만 아니라, 바로 그렇기 때문에 전통이나 그 밖의 고려는 무시한 채 자신이 자유롭게 선택했으며 최고의 자격을 갖춘 장교나 관료 집단의 절대적인 지배자이다. 그러나 이 "개인적인 천재의 지배"는 일반적인 선출 관료제가 지닌 형식상으로는 "민주주의적인" 원리와 모순된다.

③ 적어도 공적인 조직체나 이와 가장 가까운 조직체에는 **지위의 종신성**이 있다. 그러나 그 밖의 조직체에서도 보통은 이것이 늘어나고 있다. 이 지위의 종신성은—해임 예고나 신규 채용이 시행되는 곳에서도—사실상의 원칙으로 전제되어 있다. 사기업에서도 이것이 보통의 경우에는 사무직원을 노동자와 구분 짓는 특징이 되고 있다. 그렇지만 법률상이든 사실상이든 이 종신성은 과거의 수많은 지배 형태에서 그랬던 것 같은 관직에 대한 관료의 "소유권"으로는 간주되지 않는다. 오히려—독일에서 모든 법관에게 적용되고 있으며 또 행정 관료에게도 점차 적용되고 있는 것처럼—제멋대로 파면하거나 전임시키는 것을 못하게 하는 법적 보장이 생긴 곳에서는, 이 제도의 목적은 단지 맡은 바의 특수한 직무상 의무를—개인적인 고려에 구애받

기를 조작하고 유사민주주의적인 독재 정치를 실시하는 방법이다. 오늘날에는 주로 국민 투표제를 이용한 독재 정권의 한 수법이 되었으며, 넓은 의미로는 현대 의회정치 제도의 대중 민주주의에서 권한이 강화된 정치 지도자가 대중의 지지를 직접 호소하고 이를 통해 권력을 유지하거나 행사하는 경우도 시저주의라고 부른다. 베버는 오늘날의 대중 사회에서는 이러한 경향이 불가피하다고 보고 있다.

지 않고—단호하게 객관적으로 수행할 수 있도록 보장해준다는 것뿐이다. 따라서 관료제 내부에서는 그러한 법적 보장에 의해 "독립성"이 부여되었다고 해서 이것이 반드시 그런 식으로 보장 받은 관료에 대한 인습적인 평가를 향상시키지는 않는다. 특히 오랜 문화를 지녔으며 사회적으로 분화된 공동체에서는 그 반대 현상이 흔히 나타난다. 왜냐하면, 지배자의 자의恣意에 대한 복종이 엄격하면 할수록 귀족풍의 인습적인 생활 태도를 그만큼 더 유지할 수밖에 없어, 관료에 대한 인습적인 평가는 그러한 법적 보장이 없다는 바로 그 이유로 더욱 높아질 수 있기 때문이다. 중세 때 가신Ministeriale[3]에 대한 평가가 자유민을 희생시키면서 높아졌고, 국왕 재판관에 대한 평가가 인민 재판관을 희생시키면서 높아진 것처럼 말이다.[4] 장교나 행정 관료는 독일의 경우 일부는 어느 때든 또 일부는 어느 경우든 "독립된" 재판관보다 훨씬 더 쉽게 면직될 수 있다. 반면에 이 독립된 재판관은 "명예 규율"이나 사교상의 살롱 관습에 대해서 아무리 중대한 위반을 저지르더라도, 그 관직을 잃어버리지 않는 것이 상례이다. 그러나 바로 이러한 이유 때문에 지배층의 눈으로 보면 재판관의 "사회 적응력"은—다른 사정이 똑같다면—더 적다. 관료들은 지배자에게 의존하면 할수록 "신분에 맞는" 생활 양식을 그만큼 더 강력하게 보장받기

---

3 중세 때 국왕이나 제후의 집에 있는 비非자유인 출신의 예속민으로 중요한 집안일이나 군사 업무를 수행한다.

4 게르만인의 경우 옛날에는 재판관이 민회에서 선출되었다. 이런 종류의 재판관은 인민 재판관Volksrichter이라고 부른다. 이에 반해 국왕에 의해 임명된 재판관은 국왕 재판관Königsrichter라고 부른다.

때문이다.

물론 대다수의 관료들은 당연히 노후의 물질적 보장 이외에 자의적인 면직을 금하는 보장도 강화하는 "공무원법"을 열망한다. 그렇지만 이 노력에는 한계가 있다. "관직 요구권"[5]이 매우 강력하게 발달하면, 당연히 기술적인 합목적성에 따른 관직 임용이 힘들어지고 또한 열심히 노력하는 승진 후보자들의 기회도 줄어들기 때문이다. 이러한 사정이 있는 데다가, 이밖에 무엇보다도 관료들은 사회적으로 하위에 있는 피지배자들에게 의존하기보다는 자신들과 동등한 자들에게 의존하는 경향이 있기 때문에, 그들은 전체적으로 "윗사람들에게의" 의존을 힘들게 느끼지 않는다. 바덴Baden[6]의 성직자들이 현재 벌이고 있는 보수적인 움직임은 국가와 "교회"가 혹시 분리되지 않을까 하는 불안감이 발단이 되었지만, 이것은 분명히 "교구의 주인에서 교구의 하인이 되고" 싶지 않다는 욕구에 의해 야기되었다.

④ 관료는 보통 정기적으로 고정된 **봉급** 형태의 **화폐** 보수를 받으며, 연금을 통해 노후를 보장받는다. 봉급은 원칙상 임금처럼 성과에 따라 계산되는 것이 아니라 오히려 "신분에 맞게", 말하자면 직책의 종류("지위")에 따라 그리고 이와 함께 때로는 근무 기간에 따라 계산

---

5 개인이 관직에 취임하여 그 보유를 요구할 수 있는 고유한 권리가 있을 경우, 이 권리를 관직 요구권Recht auf das Amt이라고 부른다. 보통 세습 관직이나 매매에 의해 얻은 관직에서는 이 권리가 인정되지만, 근대 관료제에서는 그러한 권리를 원칙적으로 인정하지 않는다.

6 독일의 서남부 지역으로, 현재는 뷔르템베르크와 함께 바덴뷔르템베르크 주를 형성하고 있다.

된다. 관료는 생계가 비교적 많이 보장되고 그래서 사회적으로 높이 평가되는 보상을 받기 때문에, 식민지에서 영리 기회를 더 이상 갖지 못하는 여러 나라에서는 많은 사람들이 관직을 추구한다. 따라서 그런 나라에서는 관직의 봉급이 대체로 비교적 낮게 책정된다.

⑤ 관료는—관청의 위계질서에 따라서—중요성이나 급료가 적은 낮은 지위에서 높은 지위로의 **"승진"**을 목표로 한다. 대다수의 관료는 당연히 승진 조건을 가능한 한 기계적으로 고정시키는 것을 열망한다. 비록 관직 상에서는 아니더라도 "연공年功"에 따른 봉급 수준에서는, 또 사정에 따라 전문 시험 제도가 발달했을 경우 전문 시험 점수를 고려한 봉급 수준에서는 그렇다. 전문 시험 점수는 이에 따라서 때로는 사실상 관료의 지워지지 않는 인호印號, character indelebilis가 되어 평생 영향을 미친다. 이러한 발전은 관료들의 관직에 대한 권리 강화 요구, 직업 신분의 발전 경향의 증대, 경제적 보장 경향의 증대와 더불어, 관직을 교육 증서에 의해 자격을 갖춘 자들의 "봉록"으로 취급하는 방향으로 움직인다. 전문 교육 증서라는 흔히 부차적인 표지와는 상관없이 일반적으로는 인격이나 사고력의 자격을 고려해야 할 필요성 때문에, 바로 최고의 정치적 관직, 특히 "장관"직은 원칙적으로 교육 증서와는 상관없이 임명된다.

3. 관료제화의 전제와 수반 현상

관직이 이 같은 근대적인 형태를 취하게 된 사회적 및 경제적 전제는 다음과 같다.

(1) 화폐 경제적 및 재정적 전제

오늘날 관리들에게 전적으로 행해지고 있는 화폐 보수를 고려하면, **화폐 경제**의 발달이 전제된다. 화폐 경제의 발달은 관료제의 체질 전체에서 아주 큰 중요성을 지닌다. 물론 그것만이 관료제의 존립에 결정적인 것은 결코 아니다. 어느 정도 분명하게 발달한 관료주의의 양적으로 가장 큰 역사상의 실례는 다음과 같다: a) 신왕국 시대[7]의 이집트. 그렇지만 가산제 특징을 많이 지녔다. b) 후기 로마의 제정帝政. 특히 디오클레티아누스[8]의 군주제와 여기에서 발전된 비잔틴[9] 국가 제도. 그렇지만 봉건제 특징과 가산제 특징을 많이 지녔다. c) 로마 가톨릭 교회. 13세기 말부터 점차 늘어났다. d) 시황제[10]시대부터 현대에 이르기까지의 중국. 그러나 가산제와 봉록제의 특징을 많이 지녔다. e) 군주 절대주의가 발전한 이후, 근대 유럽 국가는 관료주의를 더욱 순수한 형태로 발달시켜 왔으며, 또 모든 공공 단체도 점차 발달시켰다. f) 근대 자본주의의 대기업. 이 대기업이 크고 복잡할수록 관료주의는 그만큼 더 심해진다.

a)에서 d)까지는 관리에 대한 보수가 상당 부분 — 또는 주로 — 현

---

7 신왕국은 이집트의 가장 번영한 제국으로, 기원전 16세기에서 기원전 11세기까지의 시기를 말한다.

8 가이우스 아우렐리우스 디오클레티아누스Gaius Aurelius Diocletinanus (245~313): 로마 황제(재위: 284~305).

9 동로마 제국(476~1453).

10 시황제(기원전 259~기원전 210). 기원전 247년에 진秦의 제31대 왕이 되었다. 기원전 221년에 중국을 통일하고 자신을 황제라고 칭하였다. 군현제를 실시하고 중앙집권적인 성지 체제를 완성하였다.

물로 주어진다. 그럼에도 불구하고 그 경우들은 관료제의 특징과 영향이 많이 나타난다. 이후의 모든 관료제 중에서 역사적인 모범—이집트의 신왕국—은 동시에 현물 경제 조직의 가장 대규모적인 예 중하나이기도 하다. 물론 이 동시적인 존립은 이집트의 경우 전적으로독특한 조건들로 설명된다. 왜냐하면, 이집트의 그 조직체를 관료주의에 포함시킬 경우 매우 많은 제한을 가해야 하는데, 대체로 이 제한은 바로 현물 경제가 원인이 되기 때문이다.

어느 정도의 화폐 경제 발달은 순수 관료제 행정을 만들어 내는 데필요한 정상적인 전제는 아니더라도 그것이 변함없이 존속해 나가는데에는 필요한 정상적인 전제이다. 왜냐하면, 화폐 경제의 발달이 없다면, 관료제 구조가 내적 본질을 심하게 변화시키거나 아니면 곧바로 다른 구조로 바뀌는 것은—역사적 경험에 비추어볼 때—거의 피할 수 없기 때문이다.

군주의 창고에 있는 저장물로 또는 군주의 경상經常 현물 수입으로 고정된 현물 급여를 지급하는 방식은 이집트와 중국에서는 수천년 동안 지속되었으며, 그 후 후기 로마의 군주제나 그 외의 곳에서도 중요한 역할을 해온 만큼, 그 방식이 이미 세수원과 그 이용을 관료들이 자신의 사유 재산으로 차지하기 위한 첫 걸음이라는 것은 쉽게 알수 있다. 현물 급여는 관료들을 화폐 구매력의 흔히 있는 급격한 변동으로부터 보호해준다. 그러나 현물 조세에 기초한 봉급이 불규칙하게 들어오면(이것은 지배 권력이 현물을 거두는 노력을 느슨하게 할 경우에는 언제나 있는 일이다), 관료는 그럴 권한이 있든 없든 자신의 권력 구역 내의 납세 의무자들에게 직접 매달리게 된다. 세금과 함께 과세권을 변

24

경하거나 넘겨주어서 또는 수익성 있는 군주의 토지를 관료 자신이 이용하도록 빌려주어서 그러한 변동으로부터 그를 지켜야겠다는 생각은 당연히 떠오른다. 따라서 아주 튼튼하게 조직되지 않은 중앙 권력은 모두 자발적으로 또는 관료들 때문에 어쩔 수 없이 그러한 생각을 따르고 싶은 유혹을 느낀다.

그래서 이것은 관료가 수익 중에서 자신의 봉급액만큼만 갖고 그 나머지는 군주에게 상납하는 식으로 행해질 수도 있으며, 또는—앞의 방식은 누가 봐도 뻔한 유혹을 갖고 있고 따라서 대부분의 경우 군주에게는 불만족스러운 결과를 가져오기 때문에—관료에게 "일정한 액수의 화폐를 납부하도록 규정하는" 형태로 행해질 수도 있다. 나중의 방법은 독일의 옛 관료제 시대에 여러 번 행해졌다. 그러나 그 방법은 동양의 모든 총독 통치 지역의 행정에서 최대 규모로 행해졌다. 관료는 고정된 액수를 군주에게 상납하고 나머지는 자신이 갖는다.

관료는 이 경우 경제적으로는 임차 기업가와 상당히 비슷한 지위에 놓여 있다. 따라서 바로 관직의 정식 임차 관계가 심지어는 최고 가격 제시에 따라 수여되는 모습으로 나타나기도 한다. 사경제 분야에서는 고전 장원제Villikationsordnung[11]가 임차 관계로 변한 것이 수많은 실례 중에서 가장 중요한 것의 하나이다. 군주는 이러한 방법으로 특히 그의 현물 수입을 화폐로 바꾸는 수고까지도 임차한 관리나 일

---

[11] 8~13세기에 영주가 직영지를 갖고 부역 농노제를 통해 경영하는 유럽 장원 제도의 기본 형태.

정한 액수의 화폐를 납부하도록 규정된 관리에게 전가할 수 있다. 고대 오리엔트의 여러 총독의 경우는 분명히 그랬다.

무엇보다도 공적인 세금 징수 자체를 자신이 관리하는 대신에 이 일을 임대하는 것이 그 목적에 도움이 된다. 이렇게 함으로써 무엇보다도 군주의 재정을 예산 편성 체계로 조직하는 데 매우 중요한 진보의 가능성이 나타난다. 다시 말하면, 그때그때의 계산할 수 없는 수입으로 그날그날을 살아가는 생활(이것은 공적 재정의 모든 초기 단계에 전형적이다) 대신에 수입에 따라서 지출의 확실한 사전 계산이 나타날 수 있다. 다른 한편으로는 이렇게 되면 군주 자신만을 위한 담세력의 통제와 완전한 탕진은 포기하게 되고, 관료나 관직 임차인 또는 조세 임차인에게 맡겨진 자유재량의 정도에 따라서는 담세력의 영속성도 무자비한 착취로 말미암아 위태롭게 된다. 자본가는 이 점에서 군주만큼 영속적인 이해 관계를 갖고 있지 않기 때문이다. 이에 반해 군주는 규정으로 자신을 지키려고 한다.

따라서 조세의 임대 또는 위임의 형태는 매우 다양할 수 있다. 군주와 임차인 간의 세력 관계에 따라서, 피지배자들의 담세력을 자유롭게 착취하려는 임차인의 이해 관계가 우위를 차지하거나 아니면 피지배자들의 담세력을 영속적으로 유지하려는 군주의 이해 관계가 우위를 차지할 수 있다. 예를 들어, 프톨레마이오스 왕국[12]에서 조세 임대차 제도의 형성 방식은 본질적으로 이미 언급한 동기들(수익 변동 배제, 예산 편성 가능성, 비경제적 착취로부터 신민을 보호해 이들의 납부 능력을 확보

---

12 기원전 305년부터 기원전 30년까지 이집트를 다스린 헬레니즘 계열의 왕국.

하는 일, 가능한 한 최대 수익을 거두려고 하는 임차인에 대한 국가의 통제) 상호 간의 협동 및 반발 작용에 기인한다. 이 프톨레마이오스 왕국의 경우 임차인은 물론 아직은 고대 그리스나 로마에서와 마찬가지로 사적인 자본가이다. 그러나 조세의 징수는 관료 기구를 통해 행해지며 국가의 통제를 받는다. 임차인의 이윤은 그의 임차액을—이것은 사실 [군주에게 바치는] 보증금이다—어쩌다가 초과하는 잉여의 분배에 참여하는 것에 지나지 않는다. 그러나 조세 수익이 그 임차액에 미치지 못하는 경우 위험은 그가 부담한다.

관직을 관리의 사적인 영리 원천으로 보는 순전히 경제적인 견해는 직접적으로 관직 매매까지도 가져올 수 있다. 군주가, 예를 들면, 전쟁 수행이나 채무 변제를 위해 경상 수입보다는 오히려 화폐 자본이 필요해졌을 때 특히 그렇다. 이 관직 매매는 프랑스나 영국뿐만 아니라 근세의 여러 국가와 로마 교황령[13]에서도 완전히 정식 제도로 존재해왔다. 게다가 그것은 명목뿐인 성직만이 아니라 매우 중요한 관직, 예를 들면, 장교 임명장에 대해서도 19세기까지 남아 있었다. 특수한 경우에는 이러한 관계의 경제적 의미가 변해서, 관직 구입 대금의 일부 또는 전부가 직무 충성을 위한 보증금 성격을 지녔다. 그러나 이것은 통상적인 일이 아니었다.

그러나 군주 자신의 권한에 속하는 용익권, 과세권, 부역권을 관료들에게 넘겨 주어 이들이 이용하게 하는 것은—그 어느 방식이든 간

---

13 면새른 바티칸 시국市國.

에—언제나 관료제 조직의 순수한 유형을 포기한다는 것을 뜻한다. 이러한 사정에 있는 관료는 고유의 관직 점유권을 갖는다. 관료가 고유의 관직 점유권을 갖는 정도가 한층 더 높아지는 경우는 관직 의무와 보수가 서로 다음과 같은 관계에 놓일 때이다. 즉 관료가 자기에게 맡겨진 사물로부터의 수입을 군주에게 상납하지 않고 오로지 자신의 사적인 목적을 위해서만 그 사물을 마음대로 사용하며, 대신에 군주에게는 개인적이거나 군사적인 성격 또는 그 밖의 정치적이거나 교회적인 성격의 근무를 행하는 경우이다.

관료가 실제로 했든 안했든 간에 그의 관직 의무 수행에 대한 보수로 물적으로 고정된 지대 수입이나 토지 및 그 밖의 지대 원천에 대한 본질적으로 **경제적인** 이용권을 평생토록 부여받은 경우, 그리고 이렇게 해서 그 관직 의무 수행을 경제적으로 보장해주기 위해 재화가 계속 주어지도록 지배자에 의해 정해진 경우, 우리는 그 재화를 "봉록"이라고 부를 것이며, 또 그러한 관직 조직을 "봉록제"라고 부를 것이다. 이 조직에서 봉급 관료제로의 이행은 유동적이다. 고대와 중세에는 또 근세에 들어와서도 성직자 계층에 대한 경제적인 생활 보장은 매우 자주 "봉록제"였다. 그러나 이와 똑같은 형태는 거의 어느 시대나 또 다른 영역에서도 볼 수 있었다. 중국의 예제禮制[14]에서는 모든 관직이 특수한 "봉록제" 성격을 지녔기 때문에 다음과 같은 결과가 생겨났다. 즉, 아버지나 그 밖의 집안 어른을 위한 예제상의 상복 기간 중에는 유산의 향유를 삼가야 한다는 규정(이러한 규정이 있는 이유는

---

14 상중에 행하는 모든 예절에 관한 제도.

원래 그 유산의 소유자였던 돌아가신 가장의 노여움을 두려워했기 때문이다)으로 인해 상복을 입은 자에게 그의 관직 포기가 강요된다. 관직은 바로 순전히 봉록제에 따라 지대의 원천으로 간주되었기 때문이다.

만약 경제적인 권리뿐만 아니라 지배권까지도 관리 자신이 행사하도록 그에게 수여된다면, 그리고 그 반대급부로서 군주에 대한 **개인적인** 봉사가 약정된다면, 이것은 순수 봉급 관료제에서 한 단계 더 멀어짐을 의미한다. 이때 수여된 지배권 자체는 여러 가지 성격을 가진다. 예를 들면, 정치 관료의 경우 장원 영주의 성격이 더 강할 수도 있고, 아니면 관직 성격이 더 강할 수도 있다. 이 두 경우에는, 그러나 어쨌든 후자의 경우에는 관료제 조직의 특수한 성질이 완전히 파괴되었다. 이렇게 해서 우리는 "**봉건제**" 지배 조직의 영역으로 넘어간다.

관료에 대한 급여로서 이렇게 현물 급부나 현물 용익을 지정하는 모든 방식은 관료제 기구를 이완시키는 경향, 특히 위계 서열상의 복종 관계를 약화시키는 경향이 있다. 이 복종 관계는 근대의 관료 규율에서 가장 엄격하게 발전되었다. 지배자에 대한 관료의 복종이 순전히 개인적으로도 절대 복종이었던 곳에서만, 따라서 행정이 노예나 노예 취급 받은 고용인에 의해 행해진 곳에서만, 오늘날의 서구에서 계약에 의해 임명된 관료가 보여주는 것과 거의 비슷해질 수 있다. 적어도 매우 정력적인 지도가 행해지는 경우에는 말이다.

고대의 현물 경제 국가들에서 이집트의 관료들은 법적으로는 그렇지 않더라도 적어도 사실상으로는 파라오의 노예였다. 로마의 장원 영구들은 찍어노 식섭석인 현금 출납은 매우 기꺼이 노예들에게 맡겼다. 노예들에 대해서는 고문할 수 있었기 때문이다. 중국에서는 대나무를 징계 수단으로 많이 사용해 비슷한 효과를 얻으려고 하였다. 그러나 직접적인 강제 수단은 그 기능이 **지속될** 가능성이 별로 없다. 따라서 경험에 비춰 보면, 보장된 화폐 봉급, 엄격하면서도 명예심을 존중하는 규율과 통제, 신분 명예심의 발달과 공개적인 비판의 가능성은 순전히 우연이나 자의恣意에 좌우되지 않는 승진 기회와 결합해서 관료제 기구의 엄격한 기계화를 달성하고 존속시킬 수 있는 비교적 최선의 조건을 제공한다. 관료제 기구는 이러한 점에서 모든 법적 노예화보다 더 확실하게 기능한다. 게다가 관료들의 강한 신분 의식은 자신들의 의사를 완전히 버리고 상사에게 기꺼이 복종하겠다는 마음가짐과 일치할 뿐만 아니라, 또한 그것은 ─장교의 경우에서처럼─관리들의 자의식에 대한 내면적인 조절의 결과이다. 관직이라는 직업이 지닌 순전히 "객관적인" 성격으로 인해 그리고 관리의 사적 영역과 직무 활동 영역의 원칙적인 분리를 통해서, 관료는 규율에 입각한 기구의 단연 확고하게 주어진 객관적인 조건에 더욱더 쉽게 적응하게 된다.

따라서 화폐 경제의 완전한 발달이 관료제화의 필수 불가결한 전제 조건은 아니다. 그렇지만 하나의 특수한 **지속적인** 구조로서의 관료제는 그것을 유지하기 위한 지속적인 수입의 존재라는 전제와 연결된다. 그러므로 이 지속적인 수입이─근대 대기업의 관료제 조직에서처럼─사적인 이윤으로도 또는─장원제에서처럼─고정적인 지조地租로도 충당되지 못하는 곳에서는, 확고한 조세 제도가 관료제 행정이 계속 존재하기 위한 전제 조건이다. 그렇지만 이미 알려진 일반적인 이유에서 보면, 완성된 화폐 경제만이 이 조세 제도에 단 하나의 확실한 기초를 제공한다. 따라서 행정 관료제화의 정도는 면적이 훨씬 더 큰 동시대의 평원 국가들보다 화폐 경제가 완전히 발달한 도시 국가에서 상대적으로 더 두드러진 경우가 드물지 않았다. 물론 이 평원 국가들이 정비된 조세 제도를 발전시키자마자, 관료제는 도시 국가보다 그곳에서 훨씬 더 광범위하게 발전하였다. 도시 국가에는―그 넓이가 적당한 한계 안에 머무는 한―언제나 금권정치적이며 합의제적인 명망가 행정을 지향하는 경향이 가장 적합하다. 왜냐하면, 행정 관료제화의 본래의 기반은 그 전부터 행정 업무의 특수한 발전 방식이었으며, 게다가 무엇보다도 그것의 양적 발전이었기 때문이다.

(2) 행정 업무의 양적 발전

예를 들면, 정치 영역에서는 거대 국가와 대중 정당이 관료제화의 고전적인 기반을 형성한다.

물론 이것은 역사상 알려진 실제의 모든 거대 국가 조직이 관료제 행정을 수반했다는 의미가 아니다. 왜냐하면, 우선 일단 성립한 거대 국가 조직의 순전히 시간적인 존속이나 그러한 거대 국가 조직이 지닌 문화의 통일성이 반드시 국가의 관료제적 구조에 기인하지 않았기 때문이다. 물론 그 두 가지는, 예를 들면, 중국에서는 국가의 관료제적 구조에 상당히 의존하였다. 수많은 거대 흑인 국가나 그와 비슷한 조직늘의 손속이 일시적이었던 이유는 무엇보다도 관료 기구가 없었기 때문이다. 마찬가지로 카롤링거 제국[15]의 국가적 통일성은 그 관료 조직의 붕괴와 함께 무너졌다. 물론 이 제국의 관료 조직은 주로 가산제 성격을 지녔고 관료제 성격은 갖지 않았다. 이에 반해 순전히 시간적으로만 본다면, 칼리프Khalif[16]의 제국과 본질적으로 가산제 및 봉록제의 관직 조직을 지닌 아시아 지역의 선구적인 국가들, 그리고 신성 로마 제국은 관료제가 거의 없었음에도 불구하고 상당히 오랫동안 존속하였다. 게다가 그 나라들은 적어도 관료제 국가가 보통 만들어 내는 것과 거의 비슷한 정도의 문화적 통일성도 나타냈다. 또한 고대 로마 제국은 관료제화가 점점 증대하였음에도 불구하고, 바로 이 관료제화 진행 중에 내부로부터 붕괴하였다. 이는 관료제화에 수반된 국가의 과세 부담 방식 때문인데, 이 방식은 현물 경제를 조장하였다.

그러나 물론 맨 처음에 언급한 조직들의 시간적인 존속은—그것들의 순전히 정치적 통일성의 강도라는 점에서 보면—본질적으로 불안정하고 유명무실한 잡동사니의 결합체로 대체로 정치적인 행동력은 계속 감소하였다. 그리고 이들 국가에서 비교적 큰 문화적 통일성은 일부는 엄격하게 통일된—즉 중세 서양에서 점점 더 관료제적이 된—교회 조직의 산물이었으며, 또 일부는 사회 구조의 광범위한 공통성의 산물이었다. 이 사회 구조의 광범위한 공통성은 그 자체가 다시 예전의 정치적 통일의 여파이자 변형이었다. 즉 두 가지[정치적

---

15 800년부터 888년까지 카롤링거 왕조가 지배한 영역. 현대 프랑스와 독일의 시초로 볼 수 있다.

16 아랍어로 후계자란 뜻으로, 이슬람교 국가 지배자의 호칭.

통일과 문화적 통일]는 불안정한 균형 상태를 조장하는—전통에 얽매인—문화 스테레오타이프화 현상이었다. 두 가지는 견디어 내는 힘이 매우 강했기 때문에, 강력한 정치적 통일이 없었음에도 불구하고 십자군 같은 대규모의 팽창 시도조차 소위 "사기업"으로 행해질 수 있었다. 물론 십자군이 실패하고 정치적으로 매우 자주 비합리적으로 진행된 것은 그 배후에 강력하고 통일된 국가 권력이 존재하지 않은 것과 관련이 있었다. 그리고 중세에는 강력한 "근대적인" 국가 형성의 맹아가 언제나 관료제 조직의 발전과 함께 나타났다는 사실뿐만 아니라, 본질적으로 불안정한 균형 상태에 기초한 잡동사니를 마침내 분쇄한 것은 관료제가 가장 발달한 정치 조직이었다는 사실도 의심할 여지가 없다.

고대 로마 제국의 붕괴는 부분적으로는 바로 군대 기구와 관료 기구의 관료제화에도 그 원인이 있었다. 즉 관료제화가 이루어질 수 있었던 것은 단지 국가가 세금을 분배하는 방법을 동시에 실행했기 때문이다. 그렇지만 이 방법은 현물 경제의 상대적인 중요성을 증대시키는 결과를 초래하지 않을 수 없었다. 따라서 개별적인 요소들이 언제나 함께 작용하였다. 국가의 대외적인 활동과 대내적인 활동의 "강도"(즉, 대외적으로는 팽창의 추진력, 그리고 대내적으로는 문화에 대한 국가의 영향력)가 관료제화의 정도와 직접 관계 있다는 것도 전자에 대해서만 "정상"이라고 할 수 있을 뿐이며, 예외 없이 타당하다고는 말할 수 없다. 왜냐하면, 최고의 팽창력을 가진 두 개의 정치 조직, 즉 로마 제국과 영국이라는 세계 제국이 바로 그들의 팽창기에 관료제적 토대에 의지한 정도는 적었을 뿐이기 때문이다. 영국에서의 노르만인 국가는 봉토 서열제를 기초로 해서 엄격한 조직을 실현하였다. 물론 이 국가가 통일성과 추진력을 가진 것은 봉건 시대의 다른 정치 조직과 비교하면 상대적으로 엄격한 왕실 회계 제도(재무부)의 관료제화에 힘입은 바가 컸다.

그런데 영국이 그 후 관료주의로의 대륙의 발전에 동참하지 않고 명망가 행정의 기반에 머물러 있었던 이유에는 대륙의 성격이 (상대적으로) 없었던 것 이외에도 로마의 공화제 행정과 마찬가지로 전적으로 영국 특유의 전제 조건들이 있었다. 그런데 그 전제 조건들이 영국에서는 오늘날 사라지고 있다. 이 특별한 전제 조건들 중의 하나는 똑같은 팽창 경향을 가진 경우 대륙 국가가 육지 국경 때문에 필요로 하는 만큼의 큰 상비군을 영국은 필요로 하지 않았다는 점이다. 따라서 로마에서도 관료제화는 해안 제국에서 대륙 제국으로의 이행과 함께 진행되었다. 그런데 로마의 지배 구조에서 관료 기구의 기술적인 수행(즉, 행정, 특히 도시의 경계 밖에서 행해지는 행정에서 그 기능의 정확성과 짜임새)은 정무관 권력의 엄격한 군사적 성격—그 어느 민족에게도 그 정도로 엄격한 군사적 성격의 정무관 권력은 없었다—에 의해 보충되었다. 또한 관료 기구의 지속성은 원로원이 지닌—마찬가지로 고유한—지위에 의해 보장되었다. 그리고 영국과 마찬가지로 로마에서도 관료제가 이처럼 없어도 되었다는 사실에 대해서 잊어서는 안 되는 전제 조건은 국가 권력이 대내적으로 그 기능 범위를 점차 "최소화"시켰다는 것, 즉 직접적인 "국가 이성"이 전적으로 요구한 범위까지 제한시켰다는 것이다.

물론 근세 초 대륙 여러 나라의 국가 권력은 예외 없이 행정 관료제화의 길을 가장 철저하게 간 군주의 수중에 집중되었다. 근대의 거대 국가가 오랫동안 존속하면 존속할수록 그만큼 더 기술적으로 관료제적 기초에 전적으로 의존하게 된다는 것, 게다가 근대적인 거대 국가가 크면 클수록 또 특히 더욱더 강대국이면 강대국일수록 또는 강대국이 되면 될수록 그만큼 더 무조건 관료제적 기초에 의존하게 된다는 것은 분명하다. 국가 제도의 비관료제적인 성격, 적어도 완전히 기술적인 의미에서는 비관료제적인 성격은—미국은 아직도 이러한 성격을 갖고 있다—대외적으로 접촉하는 영역이 커지면 커질수록 또 대내적으로 행정의 통일성에 대한 욕구가 절박하면 절박할수록, 불가피하게 형식적으로도 점차 관료제적 구조에 굴복한다. 뿐만 아니라 미국에서는 국가 구조의 일부 비관료제적인 형식이 실제로 정치를 지배하는 조직체들(즉, 조직 전술이나 선거 전술의 직업적인 전문가들의 지휘 하에 있는 정당들)의 그만큼 더 엄격한 관료제적 구조와 실질적으로 균형을 이루고 있다. 순전히 양적인 요소도 사회조직체를 관료제화하는 지렛대로서의 의의를 갖고 있다. 가장 두드러진 실례로는 관료제 성격이 점점 더 강화되고 있는 대중 정당 조직이다. 우리나라에서는 무엇보다도 사회민주당이, 외국에서는 규모가 가장 큰 것으로 미국의 두 "역사적인" 정당이 이에 속한다.

(3) 행정 업무의 질적 변화

그러나 행정 업무 범위의 외연적인 양적 확대보다는 그 집중적인 **질적** 확대와 내적인 발전이 관료제화의 원인이다. 이 경우 이러한 발전이 이루어지는 방향과 원인은 매우 여러 가지일 수 있다. 관료제적 국가 행정이 가장 오래된 나라인 이집트에서 서기와 관료의 기구가 생겨난 것은 위로부터 전국을 위해 공동 경제적으로 치수治水하는 것이 기술상으로나 경제적으로나 불가피하였다는 사정 때문이다. 그 기구는 그 다음에는 군사적으로 조직된 거대한 토목 사업에서 이미 일찍이 두 번째의 큰 업무 분야를 찾아냈다. 대부분의 경우에는 이미 말한 것처럼, 권력 정치에 기인한 상비군 창설과 이에 따른 재정 발전에 의해서 생겨난 요구들이 관료제화 방향으로 작용하였다.

그러나 근대 국가에서는 그 밖에도 문화의 복잡성이 증대함에 따라 행정 전반에 대한 요구가 증가한다는 사정도 똑같은 방향으로 작용한다. 매우 중요한 대외 팽창 특히 해외 팽창은 명망가들이 지배하는 나라들(로마, 영국, 베네치아)에 의해서도 또 바로 그런 나라들에 의해 행해진 데 반해,—나중에 가끔 언급되겠지만—행정의 "강도", 즉 국가가 되도록 많은 업무를 맡아 **자신의 경영 체계** 내에서 계속 처리하고 해결하는 것은 거대한 명망가 국가들(말하자면, 로마와 영국)에서는 관료제 국가에 비해 상대적으로 아주 미약하게 발달하였다. 올바르게 이해하면, 국가 권력의 **구조**는 두 경우 모두에서 문화에 매우 강한 영향을 미쳤다. 그러나 국가가 경영하고 국가가 통제하는 형식에서는 그 영향이 상대적으로 적었다. 이것은 사법에서 시작해서 교육에 이르기까지 두루 해당된다. 이 문화적 요구의 증대 자체는—비록 정도의 차이가 있지만—국가 안에서 영향력이 가장 큰 계층들의 부富의 증대에 의해 일어난다. 그렇다면 이런 한에서 관료제화의 증대란 다음 두 가지의 함수이다. 하나는 자유롭게 소비할 수 있고 또 소비에 사용된 재산의 증가이며, 또 하나는 그렇게 해서 주어진 가능성에 상응해 점점 세련되는 외적 생활 방식의 기술이다. 이것은 다시 일반적인 수요 상태에 반작용을 일으킨다. 그 결과 전에는 알려지지 않았던 생활 수요나 사경제를 통해 또는 국지적으로 충족된 아주 다양한 생활 수요에 대해서 조직적이고 공동 경제적인 지방 간의 배려, 즉 관료제적 배려가 없어서는 안 된다는 주관적인 의식이 증대된다. 순전히 정치적인 계기 중에서 관료제화 방향으로 특히 지속적으로 영향을 미치는 것은 확고하면서도 절대적인 **치안**에 익숙한 사회가 모든 영역에서 질서와 보호("경찰")를 점점 더 많이 요구하는 점이다. 골육 간의 싸움을 단순히 종교적으로 또는 중재 재판을 통해 통제할 때 개인의 권리나 안전의 보장은 전적으로 씨족 성원들이 서약한 보조 의무나 복수 의무에 맡겨졌지만, 이러한 통제에서 오늘날의 경찰관이 갖고 있는 "지상에서 신의 대리인"으로서의 지위에 이르기까지는 끊임없는 도정이 존재한다.

그 밖의 계기 중에서는 무엇보다도 여러 가지의 소위 "사회 정책 임무"가 작용한다. 근대 국가는 이 임무를 일부는 이해관계자들로부터 떠맡으며, 일부는 권력 정치적인 동기에서 또는 이데올로기적 동기에서 강제로 행사한다. 이 임무는 당연히 경제적으로 아주 많이 제약되어 있다. 마지막으로, 본질상 기술적인 요인 중에서 관료제화의 선도자로 문제되는 것은—일부는 필연적으로 일부는 기술적인 합목적성 관점에서 공동 경제적으로 관리되어야 하는—특히 근대적인 교통 수단(공공의 육로, 수로, 철도, 전신 등)이다. 이 경우 오늘날 이 교통 수단은 고대 오리엔트에서, 가령 메소포타미아의 운하나 나일 강의 치수 사업이 했던 것과 비슷한 역할을 늘 배나 하고 있다. 다른 한편에서는 교통 수단의 발달 정도가 관료제 행정이 가능하려면 유일한 결정적인 조건은 아니지만 그래도 결정적으로는 중요한 하나의 조건이다. 만약 나일 강이라는 자연적인 교통로가 없었다면 이집트에서는 거의 순전히 현물 경제에 기초한 관료제적 중앙집권화가 실제로 도달한 정도에는 결코 도달하지 못했을 것이다. 근대 페르시아에서는 관료제적 중앙집권화를 촉진하기 위해 전신電信 관료에게는 여러 주의 모든 사건을 지방 관청의 우두머리를 거치지 않고 왕에게 직접 보고할 자격이 공식적으로 주어졌으며, 게다가 누구에게나 전신으로 직접 청원할 권리가 인정되었다. 서양의 근대 국가가 실제로 행해지는 만큼 관리될 수 있는 것은 단지 국가가 전신망의 지배자인 동시에 우편과 철도를 국가가 마음대로 이용할 수 있기 때문이다.

이 교통 수단들은 그 자체가 다시 지방 간의 대량 화물 운송의 발달과 밀접하게 관련되어 있다. 따라서 이 대량 화물 운송은 근대 국가 형성의 원인을 이루는 부수 현상의 하나이다. 그렇지만 이것은—우리가 앞에서 본 것처럼—과거에 대해서도 무조건 타당하지는 않다.

(4) 관료제 조직의 기술적 우월성

관료제 조직이 확산된 결정적인 이유는 예전부터 다른 형태보다 순전히 **기술적으로** 우월했기 때문이다. 완전히 발달한 관료제 기구와 다른 모든 형태의 관계는 마치 재화 생산에서 기계를 사용하는 방식과 기계를 사용하지 않는 방식의 관계와 같다. 정확성, 신속함, 명확성, 문서에 대한 정통함, 계속성, 신중함, 통일성, 엄격한 복종, 불화의 감소, 물적 비용과 인적 비용의 절약은 합의제나 명예직 또는 겸직의 모든 형태보다 훈련된 개개의 관리에 의한 엄격하게 관료제적인—특히 일원 지배적인—행정에서 극대화된다. 복잡한 임무인 경우에는 유급의 관료제 작업이 형식상으로는 무보수의 명예직 작업보다 더 정확할 뿐만 아니라 결과적으로는 비용이 덜 드는 경우도 종종 있다. 명예직 활동은 부업이다. 이미 그렇기 때문에 그것은 보통 느리게 진행되며, 규준을 덜 지키고 정해진 형식을 잘 갖추지 않는다. 따라서 부정확하고, (상급자에게 덜 의존하기 때문에) 통일성도 없고, 연속성도 없다. 또한 하급 관리나 서기의 기구가 거의 불가피하게 비경제적으로 충원되거나 이용되기 때문에, 이미 명예직 활동은 사실상 비용이 매우 많이 드는 경우가 흔하다. 이러한 사정은 다음과 같은 경우에 특히 그렇다. 즉 공공 금고의 현금 지출—이것은 물론 특히 명예직의 명망가 행정과 비교하면 관료제 행정의 경우 대체로 늘어나는 것이 예사이다—뿐만 아니라 시간 지체나 정확성 부족으로 인해 피지배자가 빈번히 입는 경제적 손실까지도 고려한다면 그렇다.

　명예직의 명망가 행정이 오랫동안 가능한 것은 보통은 사무가 "겸직"으로도 충분히 처리될 수 있는 경우에 한한다. 명예직의 명망가 행정은 행정의 업무 수준이 질적으로 높아지면서—오늘날에는 영국에서도 그렇다—한계에 도달한다. 또 한편으로 합의제로 처리되는 작업은 불화와 지체를 유발하고, 충돌하는 이해 관계나 견해 간의 타협을 발생시킨다. 이로 인해 작업은 부정확하게 행해지고, 상급자에 대해서 독립적이므로 통일성이 없고 느리게 진행된다. 프로이센 행정조직의 모든 신보는 관료제 원리, 특히 단일 지도 원리의 진보였으며,

장래에도 그럴 것이다.

　오늘날에는 무엇보다도 근대 자본주의의 경제 거래가 행정에 대해서 가능한 한 신속하면서도 정확하고 분명하며 연속적인 직무 처리를 요구한다. 근대 자본주의의 아주 큰 기업들은 그 자체가 보통은 엄격한 자본주의 조직의 더할 나위 없는 본보기이다. 이 기업들의 상거래는 작업의 정확성, 지속성, 특히 신속성이 증대하는 것에 끊임없이 의존한다. 이것은 다시 근대 교통 수단의 특성 때문인데, 특히 신문의 뉴스 보도도 이러한 특성에 속한다. 공지 사항의 전달 또는 경제나 순전히 정치에 관한 사실의 전달에서 현저한 신속화가 이제는 순전히 그 자체만으로도 그때그때 주어진 상황에 대한 행정의 **반응속도를 가능한 한 빠르게 하는** 방향으로 계속 강한 압력을 가한다. 그리고 이 점에서 가장 적절한 조건을 주는 것은 보통 엄격한 관료제 조직뿐이다(관료제 기구 역시 개개의 경우에 맞게 처리하지 못하게끔 방해하는 특정한 장애를 일으킬 수 있고, 또 실제로 장애를 일으키지만, 여기에서는 그것들을 일일이 논하지 않겠다).

　그러나 무엇보다도 관료제화는 전문가 훈련을 받았으며, 또 끊임없는 실습을 통해 더욱더 자신을 훈련시키는 직원들에게 개별적인 일을 할당해, 순전히 객관적인 관점에서 행정 작업 분할의 원리를 실행할 수 있는 최적 조건을 제공한다. 이 경우 "객관적인" 처리란 무엇보다도 **계산 가능한 규칙**에 따라 "인물을 고려하지 않는" 처리를 의미한다. 그런데 "인물을 고려하지 않는다"는 것은 "시장"이나 모든 노골적인 경제상의 이익 추구 일반의 표어이기도 하다. 관료제 지배의 철저한 관철은 신분상 "명예"의 평준화를 의미하며, 따라서—시장 자유의 원칙이 동시에 제한되지 않는다면—"계급 상황"의 전반적인 지배를 의미한다. 관료제 지배의 이러한 결과는 언제나 관료제화의 정도와 병행해서 나타나지는 않는다. 이는 그 이유가 정치 공동체의 수요 충족 원리가 다양할 수 있다는 데에 있다.

그러나 근대 관료제에서는 "계산 가능한 규칙"이라는 두 번째 요소도 실제로 지배적인 중요성을 갖는다. 근대 문화의 특성, 특히 기술적 및 경제적 하부 구조의 특성은 바로 이 결과의 "계산 가능성"을 요구한다. 완전히 발달한 관료제는 특수한 의미에서는 또한 "분노도 편견도 없이sine ira ac studio"라는 원칙하에 있다. 관료제가 "비인간화" 될수록, 다시 말해서 관료제의 미덕으로 찬양되는 특수한 성질이 완전하게 달성될수록, 관료제는 자본주의에 어울리는 특수한 성질을 더 완전하게 발전시킨다. 여기에서 관료제의 미덕이란 사랑, 미움, 일체의 순전히 개인적인 감정 요소, 일반적으로 계산할 수 없는 모든 비합리적인 감정 요소를 직무 처리에서 배제하는 것을 의미한다. 개인적인 동정, 호의, 은총, 감사에 의해 움직인 구질서의 지배자 대신에, 근대 문화는—바로 그 문화가 복잡해지고 전문화될수록 그것을 지탱하는 외적 장치를 위해—그만큼 더 인정에 쏠리지 않으면서 엄격하게 "객관적인" **전문가**를 필요로 한다.

그러나 관료제 구조는 이 모든 것을 잘 묶어서 제공한다. 특히 **재판**을 위해 "법전"을 기초로 해서 개념적으로 체계화된 합리적인 **법**을 시행할 수 있는 기반은 보통 관료제 기구에 의해 만들어진다. 그러한 법은 후기 로마 제정 시대에 이르러서야 비로소 기술적으로 수준 높게 완성되었나. 중세에는 이 법의 수용이 사법의 관료제화와 함께 나타났다. 즉 그러한 법의 수용은 전통이나 비합리적인 전제에 구속된 구식 판결 대신에 합리적인 훈련을 받은 전문가층의 진출과 함께 나타났다.

엄격하게 형식적인 법 개념에 기초한 "합리적인" 판결과 대립하는 것은 다음과 같은 종류의 판결이다. 이 판결은 우선 신성시된 전통을 따르지만, 이 원천으로부터 명백하게 판결할 수 없는 구체적인 경우에는 구체적인 계시(신탁, 예언자의 판정, 또는 신명 재판)를 통해 해결하거나("카리스마적" 재판) 아니면—여기에서 우리의 관심을 끄는 것은 이 경우뿐이다—다음과 같이 해결한다. 즉, ① 구체적이고 윤리적인 가치 판단 또는 그 밖의 실천적인 가치 판단에 따라서 형식을 따지지 않고 해결하거나(이것이 슈미트R. Schmidt[17]가 적절하게 이름 붙인 카디 재판이다), 아니면, ② 형식적이긴 하지만, 합리적인 개념 밑에 종속시키는 것이 아니라 "유추"를 동원해서 또 **구체적인** "판례"에 의거하고 이 판례를 해석해서 해결한다(이것이 "경험적 재판"이다). 카디 재판은 "판결 이유"를 전혀 제시하지 않으며, 그 순수한 유형에서의 경험적 재판은 우리가 말하는 의미에서의 합리적인 "판결 이유"를 제시하지 않는다. 카디 재판의 구체적인 가치 판단 성격은 모든 전통과 결별하는 예언 수준으로까지 올라 갈 수 있다. 한편 경험적 재판은 하나의 기술학으로 승화되거나 합리화될 수 있다. 비관료제적인 지배 형태는—다른 곳에서 논하겠지만—한편으로는 엄격하게 전통을 따르는 영역과

---

17 독일의 법학자(1862~1944).

다른 한편으로는 지배자가 자의나 은총을 자유롭게 발휘하는 영역의 독특한 공존을 보여주기 때문에 또 다른 면에서는 이 두 원리 간의 결합 형태와 과도기 형태가 매우 빈번하게 나타난다.

예를 들면, 영국에서는—멘델스존[18]이 분명하게 지적한 바와 같이—대부분의 하급 재판은 지금도 여전히 사실상—대륙에서는 쉽게 상상할 수 없을 만큼—고도로 "카디 재판"이다. 우리나라의 배심 재판은 사실 평결에서 이유의 진술을 배제하는데, 이것이 실제로는 잘 알려져 있는 것처럼 카디 재판과 똑같은 기능을 하는 경우가 흔하다. 그렇기 때문에 우리는 "민주적인" 재판 원리가 "합리적인"(형식을 갖추었다는 의미에서) 판결과 일치한다고 믿어서는 결코 안 된다. 다른 곳에서 설명하겠지만, 사실은 그 반대이다. 또 한편으로 영국(그리고 미국)의 규모가 큰 중앙 법원들의 재판은 여전히 고도로 경험적 재판, 특히 판례 재판이다. 영국에서는 합리적인 법전을 편찬하려고 한 모든 노력이 실패하였고 마찬가지로 로마법의 수용도 실패하였는데, 그 이유는 통일된 조직을 가진 거대한 변호사 조합이 효과적으로 저항했다는 점에 있었다. 이 변호사 조합은 독점적인 명망가 계층이었으며, 규모가 큰 법원들의 판사들은 여기 출신이었다. 이 변호사 조합은 법학 교육을—하나의 경험적인 기술학처럼 기술적으로 고도로 발달시켜—장악하고 있었으며, 자신들의 사회적 지위나 물질적 지위를 위협하는 시도, 즉 합리적인 법을 만들려는 노력에 대해서는 효과

---

18 알브레히트 멘델스존 바르톨디Albrecht Mendelssohn- Bartholdy(1874~1936). 유명한 작곡가 멘텔스존의 손자로 복일의 국제법 학자.

적으로 투쟁하였다. 합리적인 법을 만들려는 노력은 특히 교회 재판소에서, 때로는 대학에서 시작되었다. 이 경우 로마법 및 교회법에 대한 투쟁뿐만 아니라 교회의 권력 위상 일반에 대한 보통법 변호사들의 투쟁은 상당한 정도로 경제적인 원인에서, 즉 그들의 수수료 이익 때문에 일어났다. 이러한 사실은 이 투쟁에 대한 국왕의 간섭 방식이 분명하게 보여준다. 그러나 이 투쟁에서 승리한 그들의 권력 위상은 정치의 중앙집권화를 통해 얻어진 것이었다. 독일에서는 주로 정치적인 이유에서 사회적으로 세력 있는 명망가 신분이 존재하지 않았다. 만약 존재했다면, 그들은 영국의 변호사처럼 국법 운용의 담당자가 될 수 있었으며, 또 국법을 정리된 이론을 갖춘 기술 수준으로까지 발전시킬 수 있었을 것이다. 뿐만 아니라 그들은 로마법 교육을 받아 기술적으로 잘 훈련된 법률가들의 침입에 대해서도 저항할 수 있었을 것이다.

실질적인 로마법이 생성 중인 자본주의의 요구에 한층 더 적합하였다는 사정이 독일에서 로마법의 승리를 결정한 것은 아마도 아닐 것이다. 바로 말하면, 근대 자본주의에 특유한 모든 법 제도는 로마법과는 무관하며, 중세에 기원을 둔다. 로마법의 승리를 결정한 것은 오히려 로마법이 지닌 합리적인 형식과 무엇보다도 다음과 같은 기술적 필요성이었다. 즉, 실제의 법률 사건이 점점 더 복잡해지고 경제가 더욱더 합리화됨에 따라—어디에서나 자연발생적으로 행해진 구체적인 계시나 종교상의 보증에 의한 진상 조사 대신에—합리적인 입증 절차가 요구되어 합리적인 훈련을 받은(말하자면 대학에서 로마법 훈련을 받은) 전문가들에게 소송 절차를 맡기지 않을 수 없었다.

이러한 상황은 물론 경제 구조의 변화에도 강한 영향을 받았다. 그러나 이 경제 구조의 변화라는 계기는 어디에서나 작용하였다. 영국에서도 왕권은 특히 상인을 위해 합리적인 증거 절차를 도입하였다. 그럼에도 불구하고 영국과 독일에서는 실체법의 발전에 차이가 있었다. 이 차이의 주된 이유는 위에서 말한 것에서 이미 유추할 수 있듯이 경제 구조의 변화에 있지 않았다. 오히려 그 차이는 두 나라의 지배 구조의 자율적인 발전에서 유래하였다. 즉, 영국에서는 중앙집권화 된 재판과 동시에 명망가 지배가 있었지만, 독일에서는 정치의 중앙집권화가 존재하지 않았는 데도 동시에 관료제화는 행해졌다는 사실에서 그 차이가 유래하였다. 근세에 자본주의가 최초로 가장 고도로 발전한 나라인 영국은 그로 인해서 덜 합리적이고 덜 관료제적인 재판을 계속 유지하였다. 그러나 자본주의는 영국에서 이러한 사정에 아주 만족할 수 있었다. 이는 특히 다음과 같은 이유 때문이었다. 즉, 그곳에서는 근세에 들어와서까지 법원 구성이나 소송 절차의 방식이 결과적으로는 경제적 약자에 대해서 광범위하게 재판을 거부하는 것과 같은 작용을 하였기 때문이다. 이러한 사실과 또한―마찬가지로 변호사의 경제적 이익이 달려 있었던―토지 소유의 양도 방식이 시간과 비용이 많이 드는 방식이었다는 것은 다른 한편으로는 영국의 농업 제도에도 깊은 영향을 주어 토지의 축적과 부동산화에 유리하게 작용하였다.

로마의 판결 자체도 공화정 시대[19]에는 합리적 요소와 경험적 요

---

19 기원전 510년 경 왕정을 폐지하고 이후 450여 년간 공화정 체제가 정치를 이끌었던

소, 심지어는 카디 재판적인 요소가 독특하게 혼합된 것이었다. 배심원 임명 자체와 처음에는 확실히 "경우에 따라" 법무관에게 부여되었던 사실 소권actiones in factum[20]은 카디 재판적인 요소를 갖고 있었다. "예방 법학[21]"과 여기서 나온 모든 것은 고전 법학자들의 문답 관례의 일부도 포함해서 "경험적" 성격을 지녔다. 법학적 사고에서 합리적인 사고로의 결정적인 전환은 법무관의 고시에 따른 방식서[22]—이것은 법 개념을 기준으로 해서 작성되었다—에 의한 소송 훈령이라는 기술적인 방식을 통해서야 비로소 준비되었다(어떤 법적 관점에서는 소송이 정당화되는 것처럼 보인다 하더라도, 오늘날에는 입증의 원리가 지배하고 사실의 진술이 결정짓기 때문에, 개념의 범위를 분명하게 형식적으로 만들어 내야 한다는 강제는 존재하지 않는다. 그러한 강제는 로마법의 높은 기술 문화가 만들어 냈다). 그러므로 본질적으로 소송 기술상의 발전 요인들이 작용한 것은 그러한 한에서였으며, 이 발전 요인들은 국가 구조로부터는 간접적으로만 생겨났을 뿐이다. 그러나 로마법의 합리화가 학문적으로 다루어질 수 있는 질서정연한 개념 체계로 완성된 것은 국가 제도의

시대. 공화정은 두 명의 집정관을 중심으로 원로원이 받쳐주고 호민관이 평민의 권리를 지켜주는 정치 체제이다.

20 법무관이 시민법의 조항에 의거하지 않고 소장에 기재된 사실에 근거해서 소송을 제기해 심판을 청구할 수 있는 권한.

21 법의 이론적인 연구가 아니라 법률상의 문제에 관해 의견이나 해답을 주고, 당사자가 제기해야 하는 소송 방식의 선택과 작성에 도움을 주는 실제적인 법학.

22 방식서Formel란 판결 기준의 규범을 제시한 간단한 소형 문서로, 법무관에 의해 작성되었다. 심판인에 대해서 일정한 조건을 갖추었을 경우 피고에게 유책 판결을 내려야 하며, 그렇지 않은 경우에는 피고를 면소할 것을 명하였다.

관료제화 시기였다. 이 합리화야말로 로마법을 오리엔트와 또한 그리스 민족이 만들어 낸 모든 것과 매우 명확하게 구분 짓는 요소이다.

탈무드에 들어 있는 랍비의 응답은 합리적이지 않지만 "합리주의적"이며 전통에 엄격하게 구속된 경험적 재판의 전형적인 예이다. 끝으로, 전통에서 **해방된** 순수한 "카디" 재판은 "그렇게 쓰여 있지만 내가 너희에게 말하노라"라는 도식에 따르는 모든 예언자의 판결이다. 카디(또는 이와 동일한 종류의 재판관)의 지위가 갖는 종교적 성격이 크게 강조되면 될수록, 신성한 전통에 구속받지 않는 영역 안에서는 개개의 경우마다 규칙에 얽매이지 않는 판결이 더욱더 자유롭게 행해진다. 예를 들면, 튀니지에서는 종교 재판소Chara가 "자유 재량"—유럽인이 표현하는 식으로 한다면—에 따라서 토지 소유 문제에 판결을 내렸는데, 이것은 프랑스의 점령 이후 한 세대 동안 자본주의 발전을 가로막는 아주 현저한 걸림돌이 되었다. 우리는 이 낡은 유형의 재판이 지배 구조에서 지닌 사회학적 기초를 다른 맥락에서 다룰 것이다.

그런데 "객관성Sachlichkeit"과 "전문성"이 일반적이며 추상적인 규범의 지배와 반드시 일치하지 않는다는 것은 분명한 사실이다. 근대적인 판결의 영역에서조차 그렇다. 법에 결함이 없다는 생각은 잘 알려진 바와 같이 원칙적으로 뜨겁게 논란이 되고 있다. 그리고 근대의 법관을 위에서 비용과 함께 소송 기록을 투입하면 아래에서는 법조문으로부터 기계적으로 읽어 낸 판결 이유와 함께 판결을 토해 내는 사용판매기로 모든 견해에 대해서는 석노한나. 이는 아마도 그런 유형에의 접근이 결과적으로 법의 관료제화를 가져온다는 이유 때문일 것이다. 판결 영역에서도 관료제적인 재판관이 직접 "개성 있게" 법에 따라 판결하도록 입법자로부터 지시받는 영역이 있다. 결국 다름 아닌 고유의 행정 활동 영역에서는—즉, 법 창조나 판결의 영역에 속하지 않는 모든 국가 활동에서는—자유와 개성의 지배가 요구되는 것이 예사이다. 이에 반해 일반적인 규범은 주로 관료의 적극적이며—결코 규제할 수 없는—"창조적인" 활동을 제약하면서 소극적인 역할을 한다. 이 명제의 의의에 대해서는 여기에서 더 이상 다루고 싶지 않다.

그렇지만 결정적인 것은 여전히 다음과 같은 사실일 것이다. 즉, 이 "자유롭게" 창조하는 행정(또 경우에 따라서는 재판)이 우리가 관료제 이전以前 형태에서 보는 바와 같은 그런 **자유로운** 자의나 은총, **개인적인** 동기에 의한 호의나 평가의 왕국을 만들어 내지 않을 것이라는 사실이다. 오히려 결정적인 것은 "객관적인" 목적의 지배와 이 목적에 대한 합리적인 검토나 헌신이 언제나 행동 규범으로 존재한다는 사실일 것이다. 관리의 "창조적인" 자유재량을 가장 많이 미화하는 바로 그러한 견해는 "국가 이성"이라는 특별히 근대적이고 순전히 "객관적인" 사상을 관리의 최고이자 최종적인 행동 지표로 간주한다. 이 경우 특히 자국에서 (또한 자국을 통해 다른 나라들에 대해서도) **자신들의** 권력을 유지하기 위한 조건이 무엇인가에 관한 관료 집단의 정확한 본능은 당연히 이 추상적이고 "객관적인" 이념의 신성화와 떼어 놓을 수 없을 정도로 융합되어 있다. 결국 이 고유한 권력 관심은 그 자체가 결코 분명하지 않은 이상理想에 대개의 경우 처음으로 구체적으로 이용할 수 있는 내용을 부여하며, 의심스러운 경우에는 결정을 내리게 한다. 이 점에 대해서는 여기에서 더 이상 논하지 않겠다. 우리에게 결정적인 것은 진정한 관료제적 행정의 모든 행위 뒤에는 원칙적으로 다음의 둘 중 하나가 있다는 것뿐이다. 즉 합리적으로 논의할 수 있는 "이유"의 체계, 말하자면, 규범에 포함시키는 것 아니면 목적과 수단을 고려하는 것, 이 둘 중의 하나가 있다는 것뿐이다.

여기에서도 모든 "민주적인"—다시 말하면, 이 경우에는 "지배"의 극소화를 목표로 하는—경향의 입장은 어쩔 수 없이 분열된다. "권리의 평등"과 자의恣意에 반대할 권리의 보장에 대한 욕망은 옛날 가산제적 지배의 은총이나 개인적인 자유재량과는 반대로 행정의 **형식적인** 합리적 "객관성"을 요구한다. 그러나 "에토스Ethos"가 개개의 문제에서 대중을 지배할 때는(우리는 그 밖의 본능에 대해서는 완전히 도외시하겠다), 이 "에토스"는 구체적인 경우나 구체적인 사람을 염두에 둔 **실질적** "정의"를 요청하면서 동시에 관료제 행정의 형식주의나 규칙에 얽매인 냉혹한 "객관성"과는 불가피하게 충돌한다. 그러므로 이러한 이유에서 그것은 합리적으로 요구된 것을 감정적으로 배격하지 않을 수 없다.

특히 무산 대중에게는 "부르주아"의 이해 관계가 요구하는 바와 같은 형식적인 "권리의 평등"과 "계산 가능한" 판결이나 행정은 도움이 되지 않는다. 무산 대중이 보기에는 당연히 법과 행정은 경제적 및 사회적 생활 기회에서 유산자들과의 차이를 없애는 데 기여해야 한다. 하지만 법과 행정이 이러한 기능을 수행할 수 있는 경우는 단지 그것들이 내용상으로는 "윤리적"이기 때문에 비형식적인 ("카디") 성격을 광범위하게 취할 때뿐이다. 모든 종류의 "인민 재판"―이것은 흔히 합리적인 "근거"나 "규범"을 묻지 않는다―뿐만 아니라, 또한 소위 "여론"을 통해서―즉, 대중 민주주의 조건하에서는 비합리적인 "감정"에서 생겨났으며, 보통은 정당 지도자나 신문에 의해 연출되거나 조종된 공동체 행위를 통해서―행정에 강력한 영향을 미치고자 하는 모든 방식 역시 재판이나 행정의 합리적인 진행을 방해한다. "절대" 군주의 "어용재판"이 할 수 있었던 것만큼이나 강하게, 사정에 따라서는 그보다 훨씬 강하게 말이다.

(5) 행정 수단의 집중

관료제 구조는 지배자의 수중에 **물적 경영 수단이 집중되는** 것과 함께 나타난다. 이 현상은 잘 알려진 것처럼 사적 자본주의 대기업의 발전에서 전형적으로 나타난다. 이 사적 자본주의 대기업의 본질적인 특징은 물적 경영 수단의 집중에 있기 때문이다. 그러나 공적인 공동체에서도 그와 비슷한 현상이 일어난다. 관료제 식으로 지휘된 파라오의 군대, 로마 공화정의 후기 및 제정 시대의 군대, 특히 근대 군국주의 국가의 군대는 농업 부족의 인민군, 고대 도시의 시민군, 중세 초기 도시의 민병대 그리고 모든 봉건 군대에 비해서 다음과 같은 특징을 지닌다. 즉, 후자에서는 병역 의무자가 스스로 무장을 갖추고 스스로 급양하는 것이 정상이지만, 관료제 식 군대에서는 무장과 급양이 지배자의 창고에서 이루어진다. 공업에서 기계의 지배가 경영 수단의 집중을 촉진시킨 것처럼, 기계 전쟁인 오늘날의 전쟁은 이 후자[관료제 식 군대]를 **기술상** 무조건 필요로 한다. 이에 반해 지배자에 의해서 무장되고 급양을 받은 과거의 관료제 식 군대는 대부분 다음과 같은 경우에 생겨났다. 즉, 사회적 및 경제적 발전의 결과, 스스로 무장할 수 있는 경제 능력을 갖춘 시민층이 절대적으로나 상대적으로 감소해 그들의 수가 필요한 군대를 편성하기에는 더 이상 충분하지 못하게 되었을 경우였다. 적어도 상대적으로는 (말하자면, 국가에 필요한 무력의 크기에 비해서) 충분하지 못하게 되었을 경우였다. 왜냐하면, 방대한 영토를 가진 국가의 평화를 영속적으로 유지하기 위해서 뿐만 아니라 또한 멀리 떨어진 곳에 있는 적과의 전쟁, 특히 해외에서의 전쟁을 수행하기 위해서도 필요한 상비적인 직업 군대를 가능하게 한 것은 관료제적인 군대 형식뿐이었기 때문이다. 특수한 군사 규율과 기술 훈련 역시 보통은—적어도 근대적인 높은 수준에서는—관료제 식 군대에서만 완전히 발전할 수 있다.

군대의 관료제화는 역사상 어디서나 그때까지 유산자들의 명예로운 특권을 이루었던 군 복무가 무산자들에게(즉, 공화정 후기와 제정기 로마 장군들의 군대나 19세기까지의 근대 군대 경우에는 자국의 무산자들에게, 또는 모든 시대의 용병군 경우에는 외국의 무산자들에게) 옮겨간 것과 병행해서 이루어졌다. 이 과정은 전형적으로 물질적 및 정신적 문화 일반의 향상과 함께 나란히 진행된다. 게다가 인구 밀도가 증가함에 따라 경제 노동의 집약성이나 긴장도 증대하는데, 이로 인해 [보통은] 영리 활동을 하는 계층은 전쟁 목적에 봉사할 "여유"가 점점 없어진다는 이유도 이 경우 언제나 함께 작용한다. 이데올로기에 강렬하게 열광한 시기를 제외한다면, 세련된 문화 특히 도시 문화를 지닌 유산자

층은 병사들의 거친 군사 작업에는 적성뿐만 아니라 그것을 하고 싶은 성향도 거의 없는 것이 보통이다. 그리고 장교 직업에의 능력과 그것을 하고 싶은 성향은—다른 사정이 똑같다면—농촌 지방의 유산자 층에게 적어도 더 강하게 존재하는 것이 보통이다. 이러한 차이가 없어지는 것은 기계로 전쟁을 수행할 가능성이 커져 지휘관에게 "기술자" 자격이 요구될 때뿐이다.

　전쟁 수행의 관료제화는 다른 모든 산업과 마찬가지로 사적 자본주의 형태를 취할 수도 있다. 사적 자본주의에 의한 군대 조달이나 군대 관리는 특히 서양의 용병군에서는 매우 여러 가지 형태로 나타났으며, 19세기 초까지는 완전히 통례적인 일이었다. 30년 전쟁[23] 때 브란덴부르크Brandenburg[24]에서 대개 병사는 그 자신이 여전히 그 직업의 물적 수단, 즉 무기, 말, 의복의 소유자였다. 물론 이미 국가가 소위 "도매상"으로서 그것들을 공급하였지만 말이다. 후에 프로이센의 상비군에서는 중대장이 그러한 물적 전쟁 수단의 소유자였다. 전쟁 수행 수단이 국가의 수중에 최종적으로 집중된 것은 겨우 틸지트Tilsit조약[25] 이후의 일이다. 그리고 동시에 이로 인해 비로소 군복 착용이 일반적으로 실시되었다. 그 이전에는 군복 착용을—각각의 부대에 일

---

23 유럽에서 로마 가톨릭 교회를 지지하는 국가들과 개신교를 지지하는 국가들 사이에 벌어진 종교 전쟁(1618~1648).

24 독일 동부에 위치한 주.

25 1807년 나폴레옹이 동프로이센의 틸지트에서 프로이센 왕국, 러시아 제국과 맺은 두 개의 조약. 하나는 프랑스와 러시아 사이에 체결된 조약이며, 다른 하나는 프랑스와 프로이센 사이에 체결된 조약이다. 이 조약으로 프로이센은 구 폴란드 왕국령을 잃고 상비군 규모에 큰 제한을 받았다.

정한 군복이 국왕으로부터 "하사된" 경우(1620년에 처음으로 근위병에게 하사되었으며, 그 후 프리드리히 2세[26] 하에서는 자주 하사되었다)를 제외하면—연대장의 자유의사에 전적으로 맡겼다. 그러므로, 예를 들면, 한편으로는 "연대", 다른 한편으로는 "대대" 같은 개념들은 18세기에도 보통 전혀 다른 의미를 갖고 있었다. 즉, 후자만이 전술 단위였다(오늘날에는 그 둘 모두가 전술 단위이다). 이에 반해 전자는 연대장의 "기업가" 지위에 의해 만들어진 경제의 경영 단위였다. "반관반민半官半民"의 해전海戰기업(예를 들면, 제노바의 "마오나maonae[27]")이나 군대 조달은 광범위한 관료제 구조를 가진 최초의 사적 자본주의 "대기업"의 하나이다. 이러한 점에서 그것들의 "국영화"와 유사한 근대적인 현상은 (처음부터 국가에 의해 통제된) 철도의 국영화에서 찾아볼 수 있다.

이와 마찬가지로 다른 영역에서도 행정의 관료제화는 경영 수단의 집중화와 함께 나타난다. 옛날의 태수나 총독의 행정은 관직 임차인이나 관직 매수인에 의한 행정과 마찬가지로 또한 대개는 봉건 가신에 의한 행정과 마찬가지로, 물적 경영 수단을 분산시킨다. 즉, 군대와 하급 관료의 비용을 포함해 그 지역의 지방 수요는 우선 지방의 수입에서 지출되고 그 나머지만이 중앙 금고에 넘겨지는 것이 보통이다. 봉토를 받은 관료는 완전히 자기 돈으로 행정을 이끌어 나간다. 이에

---

26 프로이센 왕(1712~1786. 재위 기간: 1740~1786). 프리드리히 대왕으로 불린다.
27 도시의 발달 이후 유럽에서는 특히 전쟁을 위한 정치 단체의 임시 경비 조달은 시민으로부터의 공채 모집이라는 형태를 취했는데, 이때 이 자본을 모으는 기업을 중세 이탈리아 제노바에서는 마오나라고 불렀다.

반해 관료제 국가는 국가의 행정 비용 전부를 국가 예산에 올려 하급 기관에 지속적인 경영 수단을 공급한다. 그리고 그 이용에 관해서는 하급 기관을 규정에 따라 다스리고 감독한다. 이것이 행정의 "경제성"에 대해서 갖는 의미는 자본주의 방식에 따라 집중된 대기업이 관리의 "경제성"에 대해서 갖는 의미와 똑같다.

학문의 연구나 교육 경영 분야에서도 오늘날 대학의 "연구소"(이것의 대경영으로서의 첫 번째 예는 기센Gießen대학의 리비히Liebig[28]실험실이었다)의 관료제화는 물적 경영 수단에 대한 수요 증가의 함수이다. 이 관료제화는 국가로부터 특권을 받은 지도자의 수중에 물적 경영 수단을 집중시킴으로써 다수의 연구자들과 대학 교원들을 그들의 "생산 수단"으로부터 분리시킨다. 마치 자본주의 기업이 노동자들을 이들의 생산 수단으로부터 분리시키는 것처럼 말이다.

의심할 바 없는 이 모든 기술적 우월성을 갖고 있음에도 불구하고, 관료제는 어디에서나 비교적 나중에 발전하였다. 이렇게 된 데에는 우선 일련의 **저해 요인들**이 영향을 미쳤다. 저해 요인들은 일정한 사회적 및 정치적 조건 하에서야 비로소 최종적으로 물러났다.

---

28 유스투스 프라이헤르 폰 리비히Justus Freiherr von Liebig(1803~1873). 독일의 화학자. 1825년에 기센대학의 교수가 되어 근대적인 대규모 실험실을 만들었으며, 각국에서 모여든 수많은 연구자들을 지도하였다. 1852년에 뮌헨대학으로 자리를 옮겼다.

(6) 사회적 차이의 평준화

말하자면, 관료제 조직은 보통 다음과 같이 해서 지배력을 갖는다. 즉, 조직은 **경제적 및 사회적 차이**의 중요성이 적어도 상대적으로는 **평준화된 것**에 기초해서 행정 기능을 담당한다. 관료제 조직은 동질적인 작은 단위의 민주주의적 자치 행정과는 달리, 특히 근대 **대중**민주주의의 불가피한 수반 현상이다. 우선, 지배력 행사가 추상적인 규칙에 따른다는 관료제 조직의 특징적인 원리에서 보더라도 이미 그러하다. 왜냐하면, 지배력 행사는 인적 및 물적 의미에서의 "권리 평등"에 대한 요구(따라서 "특권"에 대한 혐오)에서 그리고 "임기응변적인" 처리를 원칙적으로 거부하는 것에서 유래하기 때문이다. 그러나 그것은 또한 관료제 조직 발생의 사회적인 전제 조건에서도 유래한다. 양적으로 큰 사회 조직의 비관료제적 행정은 모두 어떤 식으로든 다음과 같은 사실에 근거를 둔다. 현존의 사회적 물질적인 우위나 명예상의 우위는 행정 기능이나 행정 의무와 관련된다. 이것은 보통 다음과 같은 결과를 가져온다. 즉, 모든 종류의 행정 활동이 담당자에게 부여하는 지위를 직접적으로든 간접적으로든 경제적으로 이용하는 것 또는 "사회적으로" 이용하는 것도 행정 활동을 떠맡는 일의 대가를 이룬다. 따라서 관료제화와 민주주의화는 국가 행정 안에서는 비관료제적 형태에 비해 보통은 "더 경제적인" 성격을 지녔음에도 불구하고 국고의 **현금** 지출이 늘어나는 것을 의미한다. 프로이센의 동부 지방에서는 지방 행정의 거의 전부와 하급 재판권을 영주에게 맡기는데, 이것은 최근까지 ─ 적어도 국가의 회계 관점에서 보면 ─ 행정 수요를 충족시키는 가상 값싼 방법이었다. 영국의 치안 판사 행정도 마찬가지이다.

대중 민주주의는 행정에서 봉건적 즉 가산제적 특권이나—적어도 의도상으로는—금권 정치적 특권을 배제하기 때문에, 전래의 겸직 명망가 행정을 반드시 유급의 직업 노동으로 대체하지 않을 수 없다. 이것은 국가 조직에만 해당되는 것이 아니다. 다름 아닌 민주적인 대중 정당들이(독일에서는 사회 민주당과 농민 대중 운동이, 영국에서는 무엇보다도 버밍엄에서 시작해서 1870년대 이후 조직된 글래드스톤—챔벌린의 코커스 민주주의[29]가, 미국에서는 잭슨[30] 행정부 이래의 양대 정당이) 그들 자신의 정당 조직에서 개인적인 관계나 개인적인 명성에 기초한 종래의 명망가 지배와는 완전히 관계를 끊고(이 명망가 지배는 옛 보수주의 정당에서 우세했지만, 또한 옛 자유주의 정당에서도 여전히 매우 자주 우세하였다), 당관료, 직업적인 당 서기나 노동조합 서기 등의 지도하에 당을 관료제 식으로 조직하였다는 것은 우연이 아니다. 프랑스에서는 빈틈없는 정

---

29 코커스Caucus라는 말은 흔히 정당 간부가 당의 선거 후보자 지명이나 정책 결정을 위해 여는 "비공식 간부 회의"라는 뜻으로 사용된다. 그러나 베버는 코커스를 "정당의 관료 제화"와 유사한 뜻으로 사용한다. 즉, 그에게서는 코커스 제도란 선거인 단체를 결성하고 여기에 유급 직원이나 지도자를 두고 이를 전국적으로 조직하는 인적 기구를 의미한다(기계 같은 기구라는 뜻으로 앵글로색슨계의 나라들에서는 머신machine이라고 지칭되기도 한다). 이런 조직이 완성되면 한편으로는 지역 명망가들의 세력이 타파되고, 다른 한편으로는 정당의 실권이 소수 간부에게, 결국에는 당수 한 사람의 수중에 들어가게 된다.
조셉 챔벌린Josef Chamberlain(1836~1914): 자유당의 의원이었지만 글래드스톤의 아일랜드 자치 법안에 반대해 동지들을 이끌고 탈당하여 자유통일당Liberal Unionists을 조직하였다. 완강한 보수적 자유주의자이자 식민주의자이다.
윌리엄 글래드스톤William Gladstone(1809~1898): 영국 자유주의 시대를 대표하는 정치인으로 네 차례에 걸쳐 총리직을 역임하였다.

30 앤드류 잭슨Andrew Jackson(1767~1845). 미국의 제7대 대통령.

당 조직을 강요하는 선거 제도를 기초로 해서 엄격한 정당 조직을 만들려는 시도가 몇 번이나 행해졌지만 실패하였다. 그 주된 이유는 지방의 명망가 집단의 저항이었다. 그들은 정당 조직이 엄격해지면 정당의 관료제화가 결국 불가피해지고, 이것이 전국에 퍼지면 자신들의 영향력이 붕괴될 것으로 보았기 때문이다. 왜냐하면, 숫자로 계산하는 간단한 선거 기술의 모든 진보, 예컨대(적어도 큰 나라의 사정하에서는) 비례대표제 같은 것은 엄격하면서도 각 지방을 연결하는 관료제적 정당 조직을 의미하며, 아울러 당의 관료 기구와 규율의 지배력을 증대시키면서 지방의 명망가 집단을 배제하는 것을 뜻하기 때문이다.

프랑스, 북아메리카, 그리고 지금의 영국에서는 국가 행정 내부에서 관료제화의 진보가 분명히 민주주의의 병행 현상으로 나타난다. 물론 이 경우 언제나 조심하지 않으면 안 되는 것은 "민주화"라는 명칭이 오해를 불러일으키는 작용을 할 수 있다는 사실이다. 즉, 비조직적인 대중이라는 의미에서의 인민der Demos은 큰 단체에서는 결코 스스로 "관리하는" 것이 아니라 관리되며, 지배하는 행정 지도자의 선출 방식과 자신들의 영향력 정도를 바꿀 뿐이다. 이때 그들이 발휘하는 영향력의 정도란 민중, 또는, 더 정확하게 말하면, 민중 출신의 다른 무리의 사람이 소위 "여론"의 작용을 통해 행정 활동의 내용과 방향에 미칠 수 있는 영향력의 정도를 말한다. 여기에서 말하는 의미에서의 "민주화"란 반드시 해당 사회 조직 내부에서 피지배자들이 지배에 능동적으로 참여하는 경우가 늘어난다는 것을 의미하지는 않는다. 그것은 여기에서 말하는 과정의 결과일 수는 있지만, 반드시 그렇게 되는 것은 아니다.

오히려 우리는 바로 여기에서 다음과 같은 점을 매우 확실하게 깨달아야 한다. 즉, 민주주의라는 정치 개념은 피지배자들의 "권리 평등"에서 다음과 같은 요구들(① 누구나 관직에 접근할 수 있도록 하기 위해, 폐쇄적인 "관료 신분 집단"이 발전하는 것을 막을 것. ② "여론"의 영향 범위를 최대한 확대시키기 위해 관직의 지배권을 극소화할 것)을 이끌어 내며, 따라서 가능하다면 전문 자격에 구애되지 않고 나중에 무효화도 가능한 선거를 통해 관직의 단기 임용을 추구한다. 이로 인해 민주주의는―명망가 지배와 싸워 얻어 낸 결과로서―그 자신이 낳은 관료제화 경향과 불가피하게 충돌한다. 그러므로 "민주화"라는 일반적으로 부정확한 명칭은 여기에서 문제가 되지 않는다. 민주화라는 말을 "직업 관료"의 지배력을 극소화시키고 "인민"이―그러나 실제로는 그때그때의 인민의 정당 지도자가―가능한 한 "직접적으로" 지배하는 것으로 이해하는 한에서는 말이다. 오히려 여기에서 결정적인 것은 관료제 식으로 편성된 지배 집단에 대한 **피지배자들의 평준화**뿐이다. 이 경우에는 지배 집단이 사실상―그렇지만 종종 형식적으로도―완전히 전제적專制的인 지위를 가질 가능성도 매우 충분하다.

러시아에서는 위계를 규제함으로써 구 영주 귀족의 지위가 무너졌으며, 이로 인해 구 귀족과 공직 귀족이 뒤섞였다. 이러한 일은 관료제화로의 발전에서 하나의 특징적인 중간 현상이었다. 중국에서는 합격한 시험의 수와 이에 의해 주어진 관직 자격에 따라서 위계가 사정되었는데, 이것은 러시아와 비슷한 의미를 지녔지만 적어도 이론상으로는 러시아의 경우보다 한층 더 심한 결과를 가져왔다. 프랑스에서는 대혁명과 결정적으로는 보나파르트주의Bonapartismus[31]가 관료제를 절대적으로 우세하게 만들었다. 가톨릭 교회에서 처음에는 봉건적인 중간 세력을, 그 다음에는 모든 독립된 지방 중간 세력을 제거하였는데, 이 작업은 그레고리우스 7세[32]에 의해 시작되어 트리엔트 공의회[33]와 바티칸 공의회[34]를 거쳐 마지막으로 피우스 10세[35]의 조치에 의해 완성되었다. 이렇게 해서 이 중간 세력은 중앙성청中央聖廳의 순수한 직원으로 변해버렸다. 이러한 현상은(형식상으로는 완전히 종속된 지위에 있었던 부사제들의 실제적인 의의가—이는 무엇보다도 가톨릭교의 정치적인 당파 조직에 근거한 것이지만—끊임없이 커진 것과 관련이 있다) 그러므로 관료제의 전진인 동시에 이 경우에는 소위 "수동적인" 민주화, 즉 피지배자들의 평준화의 전진이기도 하였다. 병사 자신이 장비를 갖추는 명망가 군대를 관료제 식 군대로 대체하는 것 역시 어디에서나 "수동적인" 민주화의 과정이다. 봉건 국가나 명망가 공화정 대신에 절대적인 군사 군주국을 수립하는 일이 모두 그러한 것과 같은 의미에서 말이

---

31 나폴레옹 보나파르트(나폴레옹 1세)와 그의 조카 루이 나폴레옹(나폴레옹 3세)에게서 생긴 정치 방식으로, 시저주의와 동일한 의미로 사용된다.

32 Gregor Ⅶ(1020?~1085). 로마 교황(재위: 1073~1085). 교회 개혁을 적극적으로 추진하였다. 성직 매매, 성직자가 아내를 두는 것 등을 엄격하게 금지하였으며, 위반자에 대해서는 가차 없이 지위를 박탈하였다.

33 이탈리아 북부의 트리엔트 시에서 3차(1545~1547, 1551~1552, 1562~1563)에 걸쳐 개최된 공회의. 종교 개혁으로 야기된 가톨릭 교회의 혼란 상태를 해결하고 프로테스탄트에 대항해서 가톨릭 교회를 재건하려고 한 회의.

34 1869년 바티칸에서 개최된 공의회. 교황의 신앙적 가르침에는 오류가 없다는 교황 무류성 교리를 반포하였다.

35 Pius X(1835~1914). 로마 교황(재위: 1903~1914).

다. 이것은 이미 이집트의 국가 발전에서도—특수성이 많이 있기는 하지만—공화정 시대에 막강한 세력을 지녔던 자본가 계급의 금권 정치를 제거하는 것, 따라서 결국은 고대 자본주의 자체를 제거하는 것과 함께 진행되었다.

이러한 "민주화"가 진전될 때 거의 언제나 그 어떤 경제 조건이 함께 작용한다는 것은 명백하다. 금권적인 성격을 지닌 계급이든 소시민적 성격을 지닌 계급이든 또는 프롤레타리아적 성격을 지닌 계급이든 간에, 새로운 계급은 경제 원인에서 발생한다. 이 새로운 계급의 발생이 정치 권력의 도움을 받아(이 정치 권력이 정당한 성격을 지녔든 아니면 시저주의적 성격을 지녔든 간에) 또는 정치 권력을 새로 만들어 내거나 부활시켜서 이것의 도움을 받아 경제적 이익이나 사회적 이익을 얻으려고 하는 경우는 매우 빈번하다. 그러나 다른 한편으로는 주도권이 "위로부터" 내려와 순전히 정치적인 성질을 지닌 경우도 마찬가지로 있을 수 있으며, 또 역사적으로 확인된다. 즉, 이 경우에는 그 주도권이 정치 정세 특히 대외 정세에서 이익을 취하고, 특정한 경제적 및 사회적 대립이나 계급 이익을 그 자신의 순전히 정치적인 권력 목적을 위한 하나의 수단으로만 이용하였으며, 또 이렇게 할 목적으로 그러한 대립이나 계급 이해 관계의 거의 언제나 불안정한 균형 상태를 깨고 잠재적인 이해 관계의 대립을 투쟁으로 유도하였다. 이에 대해서 어떤 일반론을 말하는 것은 거의 불가능한 것 같다.

경제적인 계기들이 함께 작용한 정도나 방식도 매우 다양하지만, 정치적인 권력 관계가 영향을 미친 방식 역시 매우 다양하기 때문이다. 고대 그리스에서는 훈련된 중무장 보병에 의한 전투로 이행하였으며, 게다가 아테네에서는 해군의 중요성이 커졌는데, 이것은 그때그때마다 군사 부담을 짊어진 민중이 정치 권력을 장악하게 된 기반이 되었다. 그러나 로마에서는 이와 똑같은 발전이 관직 귀족의 명망가 지배를 단지 일시적으로 외관상으로만 동요시켰을 뿐이다. 드디어 근대의 대중 군대는 어디에서나 명망가 세력을 부수는 수단이었지만, 그 자체는 결코 능동적인 민주화의 지렛대 역할을 하지 못하고 수동적인 민주화의 지렛대에 머물렀다. 이 경우 물론 함께 영향을 미친 것은 고대의 시민군은 경제적으로 자기무장에 의존했지만, 근대의 군대는 관료제적 수요 충족에 입각해 있었다는 사실이다.

관료제 구조의 확산이 "기술적" 우월성 때문이었다는 것은 기술의 모든 영역에서 그런 것처럼 여기에서도 다음과 같은 결과를 가져온다. 즉, 예전의 구조 형식 자체가 현재의 요구에 기술상 특히 고도로 적합하게 기능하는 바로 그런 곳에서는, 관료제 구조의 이러한 전진이 가장 느리게 이루어진다는 것이다. 예를 들면, 영국의 명망가 행정의 경우가 그랬다. 따라서 영국은 모든 나라 중에서 가장 느리게 관료제화에 굴복하였거나, 이제야 비로소 부분적으로 굴복하는 중이다. 이것은 전기 공급이 완전한 신개발지로서 개척되는 지역보다, 예컨대, 막대한 고정 자본을 투자해 가스 조명 사업이나 증기 철도 사업이 고도로 발달한 지역에서 더 강한 반발에 부딪치는 것과 똑같은 현상이다.

4. 관료제 기구의 지속적인 성격

　관료제는 일단 완전히 실현되면 파괴하기가 가장 힘든 사회 조직
이 된다. 관료제화는 [합의된] "공동체 행위"를 합리적으로 조정된 "이
익사회 행위"로 바꾸는 특수한 수단이다. 따라서 지배 관계를 "이익사
회 관계로 바꾸는" 수단으로서의 관료제화란 관료제 기구를 마음대
로 움직이는 자에게는 일급의 권력 수단이었으며, 또 지금도 그렇다.
왜냐하면, 다른 기회가 동일한 경우 계획적으로 조정되고 관리된 "이
익사회 행위"는 이에 저항하는 "대중 행위"나 "공동체 행위"보다 우위
에 있기 때문이다. 행정의 관료제화가 일단 완전히 관철된 곳에서는,
사실상 부숴버릴 수 없는 형태의 지배 관계가 만들어진다. 개개의 관
료는 그가 편입되어 있는 기구에서 벗어날 수 없다. 명예직이나 겸직
으로 행정을 담당하는 "명망가"와는 달리 직업 관료는 그의 물질적
및 정신적인 생활 전부를 자신의 활동에 건다. 그는—압도적으로 많
은 대부분의 경우—쉬지 않고 움직이는 기구 안에서 전문화된 업무
를 맡은 개개의 부분에 불과하다. 이 기구는 최고 꼭대기에 있는 사람
에 의해서만 움직이거나 멈출 뿐이며, (보통) 그 자신에 의해서는 움직
여지지도 멈추지도 않는다. 이 기구가 그에게 본질적으로 정해진 진
로를 지시한다. 그러므로 그는 이 모든 것에 의해서 무엇보다도 이 기
구 속에 편입된 모든 직원의 이해 관계 공동체에 확고하게 묶이게 되
는데, 이때 그 모든 직원의 공통된 이해 관계란 그 기구가 계속해서
기능을 발휘하고 또 이익사회 관계에 맞춰 행사되는 지배가 존속하
는 것을 말한다.

　게다가 피지배자들 쪽에서도 관료제적 지배 기구가 일단 존재하면

이것 없이 지낼 수도 없고 또 이것을 다른 것으로 대체할 수도 없다. 왜냐하면, 관료제적 지배 기구는 계획적으로 종합해서 전문적인 훈련, 분업적인 전문화, 숙달된 개개의 기능에 대한 확고한 준비 태세에 의거하기 때문이다. 이 관료제적 지배 기구가 그의 활동을 정지하거나 또는 이 활동이 강제로 방해받는 경우, 그 결과는 혼란이다. 이 혼란을 극복하기 위해 피지배자들로부터 즉석에서 대체자를 구하기는 어렵다. 이는 공공행정 영역에서나 사경제 관리 영역에서나 똑같다. 대중의 물질적 운명은 더욱더 관료제적으로 조정되는 사적 자본주의 조직이 끊임없이 정확한 기능에 점점 더 얽매이게 된다. 그러므로 그러한 조직을 배제할 수 있다는 생각은 더욱더 공상적인 것이 된다.

한편으로는 "문서", 다른 한편으로는 관료의 규율(즉 **익숙한** 활동 범위 안에서 엄격한 복종을 중시하는 관료들의 태도)은 공公경영에서나 사私경영에서나 점점 더 모든 질서의 기초가 된다. 그러나―행정에서 문서주의가 실제로 매우 중요하지만―규율이 무엇보다도 중요하다. 문서를 파기함으로써 "기득권"의 기초와 "지배"를 동시에 없앨 수 있다는 바쿠닌주의[36]의 소박한 생각이 잊은 것은 습관화된 규범이나 복무 규칙을 지키려고 하는 사람들의 태도는 문서와 상관없이 그대로 남는다는 사실이다. 격파되어 해체된 군부대의 재건이나 마찬가지로 폭동, 공황 또는 그 밖의 파국에 의해 파괴된 행정 질서의 회복 역시 한편으로는 관료들에게서, 또 한편으로는 피지배자들에게서 함양된 태도(즉, 질서에 공손하게 복종하는 태도)에 호소함으로써 이루어진다. 이 호소가

---

36 미하일 바쿠닌Michael Bakunin(1814~1876). 러시아의 무정부주의자.

성공할 경우, 그것은 파괴된 기구를, 말하자면, 다시 "살아나게" 한다.

다른 한편으로는 일단 이 기구가 존재하게 되면 객관적으로 그것 없이 지낼 수 없다는 사실이 그 기구에 고유한 "비인격성"과 결합해서 다음과 같은 결과를 초래한다. 즉, 관료제 기구는—개인적인 충성에 기초한 봉건 질서와는 달리—이 기구에 대한 지배권을 일단 장악한 사람이면 그가 누구이든 그를 위해 매우 기꺼이 일할 준비가 되어 있다는 것이다. 합리적으로 조직된 관료 제도는 적군이 그 지역을 점령해 단지 최고 우두머리들만 교체할 경우, 적군의 수중에서 나무랄 데 없이 계속 기능한다. 왜냐하면, 그것이 계속 기능한다는 것은 특히 적군 자체도 포함한 모든 관계자의 중대한 관심사이기 때문이다. 비스마르크[37]는 오랜 세월에 걸쳐 지배하는 동안 독자적인 정치가들을 모두 제거하였다. 그렇게 해서 그는 각료들을 자신에 대해서 무조건적인 관료제적 종속 관계에 놓이게 했다. 하지만 그가 사임한 다음에도 이 각료들은 개의치 않고 꾸준하게 직무를 계속 관리하였다. 마치 이 꼭두각시들의 천재적인 지배자이자 창조자가 바뀐 것이 아니라, 관료제 기구 안에서 임의의 어느 한 사람이 다른 사람으로 교체된 것 같은 모습을 보고 그는 놀라지 않을 수 없었다. 프랑스에서는 제1제정 시대[나폴레옹 치하: 1804~1814] 이래로 지배자가 많이 바뀌었지만, 지배 기구는 본질적으로 똑같았다. 이 기구는 근대적인 정보 수단이나 통신 수단(전신)을 지배하는 한—순전히 기술상의 이유에서도 또 이

---

37 오토 폰 비스마르크Otto von Bismarck(1815~1898): 독일을 통일해 독일 제국을 건설한 프로이센의 정치인.

기구가 철저하게 합리화된 내적 구조를 가졌다는 이유에서도—폭력으로 전혀 새로운 지배 조직을 만들어 낸다는 의미에서의 "혁명"을 점점 더 불가능하게 만든다. 그렇기 때문에 그 기구는—프랑스가 고전적인 방식으로 보여주는 것처럼—"혁명"을 "쿠데타"로 대체하였다. 왜냐하면, 프랑스에서는 성공한 변혁이 모두 그러한 것으로 끝나버렸기 때문이다.

5. 관료제화의 경제적 및 사회적 결과

사회 단체, 특히 정치 단체의 관료제 조직 자체가 광범위한 경제적 결과를 초래할 수 있으며, 또 보통은 초래한다는 것은 분명하다. 어떤 결과를 초래하는가? 이것은 당연히 개개의 경우에 경제적 및 사회적 권력이 어떻게 분배되어 있는가, 특히 발생한 관료제 기구가 어떤 분야를 차지하고 있는가에 달려 있다. 따라서 그것은 관료제 기구를 이용하는 세력들이 이 기구에 지시하는 방향에 달려 있다.

위장된 금권정치적 권력 분배가 그 결과인 경우가 매우 자주 있었다. 영국, 특히 미국에서는 관료제적 정당 조직의 배후에 보통 정당 후원자들이 있다. 이들은 정당에 자금을 대 광범위한 영향을 미칠 수 있었다. 예를 들면, 영국의 양조업 후원자 단체나 독일에서 선거 자금을 대는 소위 중공업 후원자 단체 그리고 마찬가지로 선거 자금을 대는 한자 동맹Hansabund[38] 같은 후원자 단체는 잘 알려져 있다. 정치단체,

---

38 상공업자들의 이익을 대변하기 위해 1909년 6월 베를린에서 결성된 정치 단체(이것은

특히 국가 조직 내부에서의 관료제화와 사회적 평준화도 이것에 반대하는 지방 세력이나 봉건 세력의 특권을 타파하는 것과 관련이 있었기 때문에, 근세에는 매우 자주 자본주의의 이익에 도움이 되었으며, 또 종종 직접 자본주의와 제휴해서 이루어졌다. 절대적인 군주의 권력과 자본가의 이익이 결합한 대규모의 역사적 동맹이 그런 경우였다. 왜냐하면, 법적 평준화와 지방 조직의 타파(이 지방 조직은 명망가에 의해 지배되었으며 견고하게 연결되어 있었다)는 흔히 자본주의의 활동 영역을 확장하기 때문이다.

그러나 다른 한편으로는 관료제화가 전통적인 생업 보장에 대해 소시민층이 가진 이해 관계를 우선시하는 작용을 할 수도 있고, 또는 사적인 영리 기회를 제한하는 국가 사회주의적인 작용을 할 수도 있다. 이런 경우를 우리는 역사적으로 중요한 여러 경우에 분명히 확인할 수 있으며, 고대에는 특히 그렇다. 그리고 이러한 관료제화의 작용은 아마도 우리나라에서도 장래의 발전으로 예상할 수 있을 것이다.

파라오 치하의 이집트, 다음에는 헬레니즘 시대, 그 다음에는 로마 시대의 정치 조직이 원리상으로는 적어도 매우 비슷했지만 그 작용은 매우 달랐다. 이러한 사실은 존재하는 그 밖의 구성 요소들의 방향에 따라서는 관료제화의 경제적 의의가 매우 다를 수 있음을 보여준다. 단지 관료제 조직이 존재한다는 사실만으로는 항상 어떻게든 존재하는 그것의 경제적 작용이 구체적으로 어느 방향으로 나가는지에 대

13~17세기에 독일 북쪽과 발트 해 연안에 있는 여러 도시 사이에서 이루어진 연맹과는 전혀 다른 것이다).

해 아직도 분명하게는 말할 수 없다. 즉, 관료제 조직의 **사회적** 작용에 대해서는 적어도 상대적으로는 평준화 작용이 있다고 말할 수 있지만, 관료제 조직의 경제적 작용에 대해서는 어쨌든 그 만큼이라도 분명하게 말할 수 없다.

그리고 이 점에서도 유의해야 하는 것은 관료제가 순전히 그 자체로는 하나의 정밀 기구라는 사실이다. 즉, 순전히 정치적인 이해 관계나 경제적인 이해 관계뿐만 아니라 그 밖의 다양한 지배 이해 관계에도 이용될 수 있는 정밀 기구라는 사실이다. 그러므로 관료제화와 민주화가 병행해서 진행된다는 것은 전형적인 사태이긴 하지만, 병행의 정도도 과장해서는 안 된다. 봉건제의 지배층도 경우에 따라서는 그 기구를 이용하였다. 행정의 관료제화가 **신분** 형성과 의도적으로 결부되었거나 또는 기존의 사회 세력들이 집단화하는 힘에 의해 신분 형성과 연결되었을 가능성도 있다. 이 가능성은 로마 제정에서 또 형식상으로는 많은 절대주의 국가의 조직에서도 매우 자주 사실로 나타났다. 관직이 일정한 신분에게 명시적으로 유보되어 있는 경우가 매우 흔하며, [명시되어 있지는 않지만] 사실상 유보되어 있는 경우는 더욱 많다.

사회 전체가—실제로든 어쩌면 단지 형식상으로만이든 간에—그 말의 **근대적인** 의미에서 민주화된다는 것은 관료제화 현상 일반을 위해서 특히 유리한 기반은 되지만 결코 유일하게 가능한 기반은 아니다. 관료제화 현상은 사실 그것이 개개의 경우에 차지하려는 영역에서 이 관료제화 현상에 방해되는 권력들을 평준화하려고 할 뿐이다. 그러므로 매우 주목해야 하는 것은 우리가 이미 여러 번 마주쳤으며, 앞으로도 반복해서 논의하게 될 다음과 같은 사실이다. 즉, "민주주의" 자체는 불가피하게 관료제화를―원하지는 않지만―촉진시킴에도 불구하고 또 촉진시키기 때문에 관료제 "지배"의 적이 되며, 아울러 "민주주의" 자체가 경우에 따라서는 관료제 조직의 매우 뚜렷한 돌파구도 만들어 내고 방해물도 만들어 낸다. 그러므로 개개의 역사적 경우를 고찰할 때에는 관료제화가 바로 그 개개의 역사적 경우에 어떤 특별한 방향으로 진행하는가에 주목해야 한다.

6. 관료제의 권력 위상

그러므로 관료제화가 끊임없이 진행되는 바로 그 근대 국가들에서 관료 기구의 **권력**이 또한 예외 없이 국가 제도 내부에서 보편적으로 증가하는지의 문제도 여기에서는 미해결인 채로 남겨놓겠다. 관료제 조직이 기술상 가장 고도로 발전한 권력 수단으로서 조직을 마음대로 움직이는 자의 수중에 있다고 해서, 이러한 사실이 해당 사회 조직 안에서 관료제의 입지가 얼마나 강한지에 대해 무언가를 말해주는 것은 아니다.

그리고 수백만 명으로 늘어날 만큼 관료층의 "필요 불가결성"이 계속 심해지고 있다는 사실도 해당 사회 조직 안에서 관료제의 입지가 얼마나 강한지를 결정하지 않는다. 이것은 마치, 예를 들면,―많은 프롤레타리아 운동 대표자들의 견해에 따르면―경제적으로 프롤레타리아들이 필요 불가결하다는 사정이 사회적으로나 정치적으로 이들의 권력 위상의 정도를 결정하지 않는 것과 같다. 만약 그렇지 않다면 노예 노동이 널리 행해지는 경우 자유인은 그런 조건에서의 노동을 흔히 수치스럽다고 여겨 기피하기 때문에, 적어도 마찬가지로 "필요 불가결한" 노예 계층도 그러한 권력 위상을 차지했어야 했을 것이다. 그러므로 관료제 자체의 권력이 증대하는지는 그러한 이유에서 선험적으로 판단할 수 없다.

이해관계자를 끌어들이거나 관료가 아닌 그 밖의 전문가를 끌어들이거나 아니면 반대로 전문가가 아닌 일반인 대표자를 끌어들이는 것, 그리고 지방의 것이든 지방 간의 것이든 중앙의 것이든 간에, 또한 의회제적인 것이든 그 밖의 대의제적인 것이든 직업 신분제적인 것이든 간에 의결 기관을 만드는 것, 이 모든 것은 사실 관료제의 권력 증대에 직접 역행하는 **것처럼 보인다.** 이러한 겉보기가 얼마만큼 진실인지는 여기에서의 순전히 형식적이고 결의론적인kasuistische[39] 논의와는 달리 다른 장章에서 자세히 다루어야 할 문제이다. 여기에서는 일반적으로 다음과 같은 것만 말할 수 있다.

완전히 발전한 관료제의 권력 위상은 언제나 매우 크며, 정상적인 사정에서는 훨씬 더 크다. 관료제가 받들어 모시는 "지배자"가 "법률 발의안", "국민 투표" 및 관리 파면이라는 무기로 무장한 "국민"이든, "불신임 투표"를 할 수 있는 권리나 사실상 불신임할 수 있는 구속력으로 무장한 의회이든(한층 더 귀족제적인 기초에서 선출되었든 아니면 한층

---

39 결의론은 가장 넓은 의미로는 보편적인 규범을 정확하게 적용하기 어려운 경우에 옳고 그른 것을 결정하는 기술을 뜻한다. 베버의 경우에는 독자적인 문제의식을 갖고, 문제 설정에 필요한 모든 관점을 분류하고 정리한 것을 뜻한다.

더 "민주적인" 기초에서 선출되었든 간에), 법에 따라 또는 사실상 자기들 내부에서 보충하는 귀족제적 합의체이든, 국민에 의해 선출된 대통령이든, 세습적인 "절대" 군주나 "입헌" 군주이든 간에 상관없이, 언제나 지배자가 행정 운영을 담당한 훈련된 관료에 대해 처해 있는 상태는 "전문가"에 대한 "아마추어"의 처지이다.

모든 관료제는 직업상 잘 아는 자들의 지식이나 의도를 **비밀**로 한다는 방법을 통해서 자신들의 우위를 더욱 높이려고 한다. 관료제 행정은 그 경향상 언제나 공개를 배척하는 행정이다. 관료제는 어떻게든 할 수 있는 한 자신들의 지식이나 행동을 비판받지 않으려고 숨긴다. 프로이센의 교회 당국은 자신들이 목사들에게 행한 질책이나 그밖의 조치가 어쨌든 그들에 의해 어떤 식으로든 제3자에게 누설될 경우 징계 처분을 가한다고 위협하였다. 왜냐하면, 누설을 통해 목사들은 교회 당국에 대한 비판 가능성을 열어주는 "잘못을 저지르기" 때문이다. 페르시아 왕의 회계 관료는 예산 편성 기술을 바로 하나의 비법으로 삼아 암호 문자를 사용하였다. 프로이센의 관청 통계는 일반적으로 집권 관료층의 의도에 해가 될 수 없는 것만 공표하였다.

비밀화 경향은 일정한 행정 영역에서는 그 영역의 객관적인 성질에서 유래한다. 즉 해당 지배 단체의 **대외적인** 권력 이해 관계가 문제되는 경우에는 (사기업의 경제 경쟁자에 대한 권력 이해 관계이든, 정치 단체의 경우처럼 잠재적으로 적대적인 외국의 정치 단체에 대한 권력 이해 관계이든 간에) 언제나 비밀화 경향이 발생한다. 외교의 운영은 매우 제한된 의무와 정도에서만 공공연하게 통제되는 것일 때 성과를 거둘 것이다. 군사 행정은 순전히 기술적인 것의 의의가 증대함에 따라 군사 행정

70

의 가장 중요한 조치의 비밀화를 더욱더 중시하지 않을 수 없다. 정당들도 다르게 행동하지 않는다. 가톨릭 신자 대회나 정당의 대의원 대회가 아무리 표면상의 공개성을 과시하더라도, 정당 운영의 관료제화가 증대함에 따라 비밀화의 정도도 증대한다. 예를 들면, 독일에서는 상업 정책이 생산 통계의 비밀화를 초래한다. 사회 단체가 대외적으로 전투 태세를 취하는 경우 언제나 바로 그러한 태세 자체가 권좌에 있는 권력자들의 지위를 강화하는 방향으로 작용한다.

그러나 관료 기구의 순수한 권력 이해 관계 자체는 순전히 객관적인 동기에서 비롯된 비밀 유지라는 영역을 훨씬 넘어선다. "직무상의 비밀"이라는 개념은 그들의 특수한 발명품인데, 특수한 성질을 지닌 영역 밖에서는 결코 객관적인 이유로 제시될 수 없는 바로 이 태도만큼 그들이 열광적으로 옹호하는 것은 없다. 관료 기구가 의회와 대립하는 경우, 그들은 확실한 권력 본능에서 의회의 시도—즉 고유한 수단(예를 들면, 소위 국정 조사권)을 통해 이해관계자들로부터 전문 지식을 얻으려고 하는 시도—에 대해 저항한다. 정보를 충분히 확보하지 못해 무기력한 의회는 관료들에게 당연히 더 환영받는다. 그러한 무지가 어쨌든 그들 자신의 이익과 충돌하지 않는 한 말이다.

관료의 뛰어난 전문 지식에 대해서는 절대 군주도, 어떤 의미에서는 그가 가장 무기력하다. "농노제 폐지"에 대한 프리드리히 대왕[40]의 성급한 지시는 말하자면 그 실현 과정에서 궤도에서 벗어났다. 관청

---

40 Friedrich Ⅱ(1712~1786. 재위: 1740~1786). 프로이센의 왕, 종교에 대한 관용 정책을 펼치고 재판 과정에서 고문을 근절한 계몽 군주였다.

기구가 이 지시를 문외한의 즉흥적인 발상이라고 간단히 무시해버렸기 때문이다. 입헌 군주는—그가 피지배자들 중에서 사회적으로 중요한 부분과 좋은 관계에 있을 때는 언제나—행정의 진행에 대해서 절대 군주보다 더 큰 영향력을 갖는 경우가 매우 빈번하다. 입헌제에서는 행정에 대한 비판이 적어도 상대적으로는 공개적이기 때문에 입헌 군주도 행정의 진행을 통제할 수 있지만, 절대 군주는 관료 기구 자체의 정보에만 의존하기 때문이다. 구 체제 러시아의 차르[황제]는 관료들 마음에 들지 않거나 그들의 권력 이익에 위배되는 일은 아무리 사소한 것이라도 지속적으로 실시할 수 있는 경우가 드물었다. 르로이 보리외[41]가 이미 매우 적절하게 지적한 것처럼, 독재 군주로서의 차르에게 직접 소속된 그의 장관들은 지방 총독들의 집합체였다. 이들은 온갖 개인적인 음모 수단을 이용해 서로 싸웠으며, 특히 부피가 큰 "진정서"로 끊임없이 공격하였다. 그렇지만 문외한인 군주는 이들에 대해서 손을 쓸 수 없었다.

입헌제로 이행함에 따라 중앙 관료 기구의 힘은 불가피하게 한 사람의 수중에 집중된다. [다시 말하면] 그들은 한 사람의 우두머리, 즉 수상의 관할하에 있으며, 군주에게 가는 것은 모두 수상의 손을 거치지 않으면 안 된다. 이러한 사정으로 인해 군주는 광범위하게 관료 기구 수장의 후견하에 놓이게 된다. 빌헬름 2세[42]는 비스마르크와의 유

---

41 아나톨 르로이 보리외Anatole Leroy-Beaulieu(1842~1912). 프랑스의 역사가. 특히 러시아 사에 조예가 깊었다.

42 Wilhelm Ⅱ(1859~1941. 재위: 1888~1918). 독일 황제. 즉위 후 1889년에 내정 및 외교와 관련해서 비스마르크와 중대한 의견 대립을 일으켜, 1890년에 마침내 비스마르크를

명한 갈등 속에서 이러한 사태에 대해 반대했지만, 그 원리에 대한 자신의 공격을 곧 철회하지 않을 수 없었다. 전문 지식의 지배하에서 바로 군주의 현실적인 영향력이 지속성을 얻을 수 있는 것은 관료 기구 수장과의 지속적인 접촉을 통해서만 가능하지만, 이 접촉마저도 관료들의 중앙 최고 간부들에 의해 계획적으로 조종된다. 이와 동시에 입헌제는 관료 기구와 지배자[군주]를 서로 이익 공동체로 단결시켜서 의회에서의 정당 수장들의 권력 추구에 대항한다. 그러나 바로 이러한 이유 때문에, 입헌 군주는 그가 의회에서 어떤 지지자도 찾지 못할 경우 관료 기구에 **대항하는** 데 있어서 무기력하다. "제국의 거두들"의 이반, 즉 1918년 11월 프로이센의 각료들과 최고위 제국 관료들의 이반은 독일의 군주를 1076년 봉건 국가의 기초 위에서 일어난 사건과 거의 똑같은 사정에 놓이게 하였다.[43] 그러나 이것은 어쨌든 예외이다. 왜냐하면, 관료제의 관리들에 대해서 군주의 권력이 지닌 지위는 봉건 국가의 경우보다 또 "판에 박힌" 가산제 국가의 경우보다 전체적으로는 역시 훨씬 더 강력한데, 이는 승진 욕망을 지닌 후보자들이 항상 대기하고 있어 군주가 까다롭게 구는 독립적인 관료들을 그들로 쉽게 대체할 수 있기 때문이다. 다른 사정이 똑같은 경우, 경제적으

파면하였다.

[43] 1918년 11월은 독일이 제1차 세계 대전에서 패해 황제 빌헬름 2세가 퇴위한 달이다. 1918년 10월 말부터 11월에 걸쳐 황제의 퇴위를 요구하는 압력이 내외에서 밀어닥치자 각료와 고관들도 이에 동조하였으며, 황제는 11월 10일 네덜란드로 망명하였다. 1076년은 신성 로마 제국 황제 하인리히 4세가 교황 그레고리오 7세로부터 파문 당하자 제후들이 이탈한 것을 말한다.

로 독립한 관료들 즉 유산자 계층에 속한 관료들만이 관직 상실이라는 위험을 감수할 수 있다. 다시 말하면, 무산자 계층으로부터의 충원은 예로부터 또 오늘날에도 지배자의 권력을 증대시킨다. 그리고 사회적으로 영향력이 큰 계층에 속하는 관료들을 군주는 자신의 버팀대로 간주해야 한다고 생각하겠지만(프로이센에서 소위 "운하 법안 반역자⁴⁴"처럼), 이들이야말로 군주의 의지를 줄곧 내용상 완전히 마비시킬 수 있다.

관료층의 전문 지식보다 우위에 있는 것은 "경제" 영역에서 **사경제 이해관계자들**의 전문 지식뿐이다. 이는 그들에게는 그 영역에서의 정확한 실무 지식이 직접적으로 경제상의 사활 문제이기 때문이다. 즉, 관청 통계에서의 오류는 이에 책임 있는 관료들에게 어떤 직접적인 경제적 결과도 가져오지 않지만, 어느 한 자본주의 기업의 계산 오류는 이 기업에 손해를 입히며 어쩌면 존립을 위태롭게 할지도 모른다. 그리고 권력 수단으로서의 "비밀"도 관청의 문서보다 기업가의 원장元帳에 어쨌든 더 안전하게 숨겨져 있다. 이미 그렇기 때문에 자본주의 시대에 관청이 경제 생활에 미치는 영향은 매우 좁은 범위에 한정되어 있다. 이 영역에서 국가의 조치는 종종 예상하지 못했거나 의도하지 않은 길로 탈선하거나, 아니면 이해관계자들의 우월한 전문 지식에 의해 쓸모없는 것이 된다.

---

44 1899년 독일의 제국 의회에 중부 독일 공업 지대의 운하 건설 법안이 제출되었다. 황제 빌헬름 2세가 직접 나서서 이 법안을 통과시키라고 의회에 압력을 가했지만, 동부 농업 지대의 보수적인 융커 세력들이 반기를 들었고 보수적인 관리들도 이에 동조해, 이들을 운하 법안 반역자die Kanalrebellen라고 부르게 되었다.

7. 합리적인 관료제 지배 구조의 발전 과정

특수화된 전문 지식이 점점 더 관직 보유자들의 권력 위상의 기초가 되기 때문에, "지배자"의 걱정은 일찍부터 어떻게 하면 이 전문 지식을 이용하면서도 그들에게 굴복하지 않고 자신의 지배자 지위를 유지할 수 있는가에 있었다. 그러므로 행정 업무가 점점 더 질적으로 확대되고 이와 함께 전문 지식이 필수불가결한 것이 됨에 따라, 다음과 같은 현상이 매우 전형적인 방식으로 나타난다. 즉 지배자는 믿을 수 있는 몇몇 심복들과 그때그때마다 상의하거나 또는 상황이 어려울 때 그들을 이따금 회의에 소집해서는 더 이상 국정을 꾸려나갈 수 없어, 이제는 상설적으로 열리는 **합의제적인** 자문 및 의결 단체—"궁정외 고문관 회의[45]"는 이에 이르는 특징적인 과도현상이다—로 둘러싸인다(국무 고문 회의, 추밀원, 최고 간부 회의, 내각, 의정부, 총리아문, 외무부[46] 등).

물론 이 합의제 단체들의 지위는 아주 상이하다. 즉 그것들 자체가

---

45 항상 궁정에 있는 상근 궁정 고문관wesentliche Räte과는 달리, 궁정 밖의 자기 영지에 거주하면서 그때그때 소집되어서 회의에 참석하는 고문관을 궁정외 고문관Räte von Haus aus이라고 부른다.

46 · 국무 고문 회의Conseil d'Etat: 프랑스 왕의 행정 및 입법 자문기관.

· 추밀원Privy Council: 영국 왕의 사적인 자문기관

· 최고 간부 회의Generaldirektorium: 프로이센의 프리드리히 빌헬름 1세가 만든 내무, 행정, 군사에 관한 최고 행정 기관.

· 내각Kabinett: 제후의 측근들로 이루어진 자문 기관

· 의정부Diwan: 회교 국가, 특히 터키의 최고 행정 기관.

· 총리아문總理衙門: 청의 문종 황제가 1860년에 창설한 관청으로, 특히 외국과의 교역 업무를 담당하였다.

· 외무부外務部: 청은 1902년에 총리아문을 폐지하고 외무부를 두었다.

최고의 행정 관청이 되느냐, 또는 그것들 외에 하나의 단일 지도적인 중앙 기관이나 여러 개의 중앙 기관이 존재하느냐에 따라 다르며, 이뿐만 아니라 그것들의 절차에 따라서도—완전히 발전한 유형의 경우 그 합의제 단체들은 원칙적으로든 의제적으로든 [형식상으로든] 지배자의 사회하에 회의를 한다—다르다. 그리고 모든 중요 안건은 해당 전문가들의 보고나 수정 보고에 의해서 또 그 밖의 구성원들의 이유가 제시된 찬반 의사 표시에 의해서 전반적으로 검토된 다음 의결을 통해 처리되며, 그 다음에는 지배자의 지시에 따라 이 의결은 승인되거나 거부된다. 그러므로 이런 종류의 합의제 관청은 점점 더 "문외한"이 되는 지배자가 전문 지식을 이용하면서 이와 동시에—이 점은 흔히 간과되고 있는데—더욱더 강화되고 있는 전문 지식의 우세에 대해서 자신을 지키고 또 전문 지식에 맞서서 지배자로서의 자신의 지위를 주장하려고 하는 전형적인 형식이다. 지배자는 한 사람의 전문가를 다른 전문가를 통해 견제하고 번거로운 절차를 통해 스스로도 전모를 파악해, 자신이 자의적인 결정에 휩쓸리지 않는다는 확신을 얻으려고 한다.

이때 흔히 그는 자신의 영향력을 최대한으로 발휘할 수 있다는 보증을 자신이 회의의 사회를 맡는 것에서 기대하기보다는 오히려 찬성과 반대의 의견이 문서로 자신에게 제출되는 것에서 기대한다. 프리드리히 빌헬름 1세[47]는 행정에 대한 사실상의 영향력이 매우 컸지

---

47 프로이센의 왕(1688~1740. 재임: 1713~1740): 군대 정비, 관료 제도 육성, 산업 진흥을 통해 후일 프로이센 융성의 기반을 만들었다.

만, 엄격하게 합의제로 조직된 각료 회의에는 직접 참석한 적이 거의 없었다. 그는 제출된 서류에 대한 자신의 결정을 난외欄外의 주석이나 칙령을 통해 내렸다. 이 결정은 내각에 소속되어 있으면서 군주를 완전히 개인적으로 따르는 관원과 상의한 다음 "내각"에서 파견된 연락원을 통해 각료들에게 전달되었다. 내각은 전문 관료층의 증오 대상이 되기도 하고—실정의 경우에는—피지배자들의 불신 대상이 되기도 한다. 이러한 내각은 러시아에서나 프로이센과 그 밖의 나라에서나 마찬가지로 개인적인 요새로 발전하였다. 말하자면, 지배자는 전문 지식과 행정의 "객관화Versachlichung"에 직면해서 그 속으로 도피했기 때문이다.

게다가 지배자는 합의제 원칙을 통해서 일종의 종합을 시도해 분야별 **전문가**들을 하나의 집합적인 통일체로 만들려고 한다. 이것이 어떤 성과를 가져올지는 일반적으로 단정할 수 없다. 이 현상 자체는 가산세 국가나 봉건 국가에서 초기 관료제에 이르기까지 매우 상이한 국가 형태들에게 공통이다. 그러나 무엇보다도 그것은 생성기의 절대 군주제에 전형적이다. 그것은 행정의 "객관성"을 위한 가장 강력한 교육 수단 중 하나였다. 그것은 또한 사회적으로 영향력 있는 재야 인사들을 영입함으로써 어느 정도의 명망가적 권위와 사경제에의 실무 지식을 직업 관료의 전문 지식과 결합시킬 수 있었다. 합의제 기관은 인물로부터 독립한 영속적인 조직으로서의 근대적인 관청 개념을 일반적으로 발전시킨 최초의 제도 중 하나였다.

행정 업무에 관한 전문 지식이 오로지 오랜 **경험을 통한** 수련의 산물이었으며, 또한 행정 규범이 복무 규정이 아니라 전통의 구성 요소인 한, 흔히 성직자, "원로 정치인", 명망가들이 참가한 **장로 회의**가 전형적으로 그러한 자문 기관의 적당한 형식이었다. 이 기관은 처음에는 지배자에게 조언만 했지만, 나중에는 종종—지배자는 교체되는데 반해서 이 기관은 영속적인 조직이었기 때문에—실권을 강탈하였다. 로마의 원로원, 베네치아의 라트Rat,[48] 그리고 "선동 정치가"의 지배에 의해 타도될 때까지 아테네의 아레이오파그Areiopag 회의[49] 같은 것이 그러한 것이다.

그러나 물론 이러한 기구들과 여기에서 다루고 있는 단체들은 그 사이에 여러 가지 과도 형태가 있음에도 불구하고 유형으로서는 분명하게 구분해야 한다. 그 단체들은 합리적인 **전문 분야**의 세분화와 전문 지식의 지배를 기초로 해서 성립하기 때문이다. 또 한편으로 그 단체들은 근대 국가에서 흔히 나타나는 자문 단체들, 즉 사적인 **이해관계자** 집단에서 선발된 자문 단체들과 구분되어야 한다. 이런 단체들에서는 관료나 전직前職 관료가 핵심을 이루지 않기 때문이다.

마지막으로 그 단체들은 오늘날의 사경제 관료제 조직들(주식회사)에서 볼 수 있는 합의제 통제 기관(감사 기관)과도 사회학적으로 구분하지 않으면 안 된다. 비록 이 통제 기관이 비非이해관계자들로부터 명망가들을—이들의 전문 지식 때문이든 체면 유지나 광고의 수단으로든 간에—끌어들여 보충되는 경우가 드물지 않지만 말이다. 어쨌든 그 둘을 구분해야 하는 이유는 보통 오늘날의 사경제 관료제 조

---

48 베네치아 공화국 총독의 권력을 제한하기 위해 창설된 합의제 기관.
49 아테네에서 로마의 원로원에 해당된 지위를 갖고 있는 의회.

직들은 특수한 전문 지식의 소유자들을 모은 것이 아니라 경제상의 결정적인 주요 이해관계자들 특히 기업에 융자해 주는 은행들 자체를 모은 것이어서, 결코 자문하는 지위만 갖지 않고 적어도 통제하는 지위를 갖고 있기 때문이다(그러나 사실상으로는 지배하는 지위를 갖고 있는 경우가 매우 빈번하다). 그것들은 오히려 (약간 무리한 해석이긴 하지만) 가산제나 봉건제의 정치 조직에서 독립적인 대봉토 보유자나 고위 관직 보유자 및 그 밖의 사회적으로 유력한 이해관계자들의 모임에 비길 수 있다. 물론 이런 모임은 때로는 행정의 강도가 증대되면서 생긴 "고문 회의"의 전신이었지만, 그러나 신분제 단체[50]의 전신인 경우가 더 빈번했다.

이 관료제적 합의제 원리는 대체로 중앙 기관에서 아주 다양한 하급 기관으로 전해졌다. 지역적인 폐쇄성을 지닌 단체, 특히 도시 단체에서는—서두에서 언급한 것처럼—합의제 행정이 (처음에는 선출되었지만 나중에는 대부분 적어도 부분적으로는 보궐 선거로 보충된 "참사회", "시의회", "조장 회의", "배심원 합의제"에 의한) 명망가 지배 형식으로 자연발생적으로 존재하였다. 그러므로 그러한 기관들은 "자치 행정" 조직, 즉 관료제 국가 기관이 감독하에서 지방의 이해관계자들에 의해 행정 업무가 처리되는 조직의 통상적인 구성 요소이다. 앞에서 언급한 베네치아의 라트나 로마 원로원의 예는 보통 지방 정치 단체에 기초한 명망가 지배 형식을 거대한 해외 제국으로 옮긴 것이다.

---

50 귀족, 성직자, 시민 등의 신분 대표자들이 국왕에 대해서 독립된 권력 주체로서 국정에 참가하는 능속 회의.

교통 수단이 발달하고 행정에 대한 기술적 요구가 증대함에 따라 신속하면서도 명확한 결정이 불가피해지고 완전한 관료제와 단일 지도를 강요하는 이미 논한 그 밖의 이유들이 압도적으로 전면에 나타나면서, 관료제 국가 내부에서는 합의제 행정이 다시 사라진다. 그러나 무엇보다도 합의제 행정이 사라지는 때는, 의회 제도가 발달하고 대개는 이와 동시에 외부로부터의 비판이 증대하고 공개된 형태를 취하면서—지배자의 이해 관계 관점에서 볼 때—행정의 결정을 내리기 위한 철저한 준비보다 행정 지도의 엄격한 통일성이 더 중요한 요소로 여겨질 때이다. 프랑스의 철저하게 합리화된 전문 장관 제도나 지사 제도는 이러한 근대적인 조건하에 있기 때문에 낡은 형식들을 도처에서 몰아 낼 중대한 기회를 갖고 있다.

추측컨대, 이 낡은 형식들은 이해관계자들의 자문위원회를—이미 언급한 것처럼—경제적으로나 사회적으로 가장 영향력 있는 계층으로부터 영입함으로써 보완되는 것 같다. 그리고 이러한 영입은 더욱 더 빈번해지고 있으며, 또 그 형식도 점차 정돈되어 가고 있다. 특히 마지막에 말한 이 발전은 이해관계자의 구체적인 실무 지식을 전문 교육을 받은 관리의 합리적인 행정에 도움이 되게 하려는 것으로, 이것은 틀림없이 굉장한 미래를 갖고 있으며, 또 관료제의 권력을 한층 더 증대시킨다. 이미 잘 알려져 있는 바와 같이, 비스마르크는 의회에 대항하는 권력 수단으로 "국민 경제 회의"를 창설할 계획을 세웠는데, 이 계획을 반대한 의회의 다수파에 대해—그는 다수파에게 영국 의회 식으로 국정 조사권을 결코 부여하지는 않았겠지만—관료층이 "너무 현명해지는" 것을 다수파가 의회의 권력을 위해서 방해하고 있다고 비난하였다. 그것은 그렇고, 이렇게 진행되는 경우 장차 행정의 내부에서 이 이해관계자 단체 자체에 어떤 지위가 주어질 수 있는지는 이 문맥에서 논할 문제가 아니다.

일반적으로 국가와 법의 관료제화가 이루어진 다음에야 비로소 "객관적인" 법 질서와 이 법 질서에 의해 보장된 주관적 권리가 개념상 명확하게 구분될 수 있는 최종적인 가능성도 주어진다. 관청 상호 간의 관계나 관청과 "신민"의 관계에 관한 "공법"과 피지배자인 개개인 상호 간의 관계를 규제하는 "사법私法"의 구분도 사정은 똑같다. 이 구분은 지배권의 추상적인 담당자이자 "법 규범"의 창조자인 "국가"와 개개인의 모든 개인적인 "권한"의 개념적 구분을 전제로 한다. 이 같은 관념 형식은 관료제 이전의 지배 구조, 특히 가산제나 봉건제 지배 구조의 본질과는 여전히 거리가 멀 수밖에 없었다. 그러한 관념이 처음으로 실현 가능해지고 또 실현된 것은 도시 공동체의 기반 위에서였다. 도시 공동체가 관직 보유자들을 정기적인 선거를 통해 임명했으며, 이렇게 해서 이제는 그때그때의 지배권—최고의 지배권도 포함한—을 "행사하는" 개개의 권력 보유자가 "고유의 권리"로서 지배권을 소유한 자와 더 이상 동일시되지 않았다. 그러나 이러한 공법과 사법의 구분을 원칙적으로 처음 관철한 것은 관료제에서 직무 수행의 완전한 비인격화와 법의 합리적인 체계화였다.

8. 교양과 교육의 "합리화"

합리적인 관료제 지배 구조 그 자체의 확산이—이 지배 구조가 어떤 영역을 사로잡는가와는 상관없이 — 일반적으로 문화에 미치는 광범위한 영향은 여기에서 분석할 수 없다. 물론 이 지배 구조는 생활 형태에서 "합리주의"가 확산되는 것을 조장한다. 그러나 합리주의라는 개념은 매우 다양한 내용을 가질 수 있다. 아주 일반적으로는 다음과 같이 말할 수 있을 뿐이다. 즉 합리적인 "객관성"으로의 발전, "직업인"이나 "전문가"로의 발전은 이 발전에 따르는 광범위하게 분기된 모든 영향과 함께 모든 지배의 관료제화에 의해 매우 강하게 촉진된다. 여기에서는 단지 이 과정의 중요한 구성 요소 중 하나인 **교육 및 교양**의 성질에 미치는 영향에 대해서만 짧게 스케치할 수 있을 뿐이다. 유럽 대륙이나 서양의 교육 제도, 특히 종합 대학, 공과 대학. 상과 대학, 고등 학교, 그 밖의 중등 학교 등 고등 교육 제도는 전문 교육이라는 "교양"을 요구하는 사정의 지배적인 영향하에 있는데, 이런 종류의 교양은 근대 관료 제도에 점점 더 없어서는 안 되는 시험 제도에 의해 함양된다.

오늘날의 의미에서 "전문 시험"은 본래의 관료 조직 밖에도 있었으며 지금도 있다. 오늘날에도 의사나 변호사의 "자유" 직업에 대해서는, 또 동업 조합으로 조직된 생산업에는 전문 시험이 있다. 그것은 또한 관료제화에 따른 불가결한 수반 현상도 아니다. 즉, 프랑스, 영국, 미국의 관료제에도 전문 시험이 오랫동안 거의 또는 전혀 없었다. 정당 운영에서의 훈련과 성과가 그것을 대신하였다. "민주주의"는 민주주의 자체에 의해 촉진된 관료제화의 모든 현상에 대해서와 마찬가지로 전문시험에 대해서도 분열된 태도로 맞선다. 즉, 한편으로 민주주의는 명망가 지배를 대신해서 모든 사회 계층에서 자격 있는 사람을 "선발"하는 것을 의미하거나 또는 그런 것을 의미하는 것처럼 **보인다.** 또 한편으로 민주주의는 시험이나 교육 증서에 의해 하나의 특권적인 "카스트Kaste"가 생겨나는 것을 두려워해 이를 막으려고 한다. 마지막으로, 전문 시험은 또한 관료제 이전의 시대나 반✻관료제 시대에도 이미 있었다. 전문 시험이 한결같이 역사에서 처음 생겨난 곳은 **봉록제**로 조직된 지배이다. 봉록에 대한 기대, 처음에는—이슬람의 오리엔트와 서양의 중세에 그랬던 것처럼—성직록에 대한 기대가, 그 다음에는—특히 중국에서 그랬던 것처럼—세속적인 봉록에 대한 기대도 사람들이 공부하고 시험을 치르는 것에 대한 전형적인 보상이다. 그러나 물론 이러한 시험들은 단지 부분적으로만 실제의 "전문" 성격을 갖고 있다.

근대의 완전한 관료제화에 의해서야 비로소 합리적이며 전문적인 시험 제도가 끊임없이 발전되었다. 공무원 제도 개혁에 의해 전문 교육과 전문 시험이 점차 미국에 도입되었으며, 또한 (유럽에서는) 그것들의 주요 발상지인 독일로부터 다른 모든 나라들로 확산되었다. 행정의 관료제화의 증대는 영국에서도 전문 교육과 전문 시험의 의의를 높이고 있다. 중국에서는 반✻가산제적인 예전의 관료 제도를 근대적인 관료 제도로 대체하려는 시도로 (성질이 전혀 다른 예전의 시험제도 대신에) 전문 교육과 전문 시험을 도입하였다. 자본주의의 관료제화와 전문적으로 훈련받은 기술자나 점원 등에 대한 자본주의의 수요로 인해, 전문 교육과 전문 시험이 전 세계에 퍼져나가고 있다.

이러한 발전은 무엇보다도 전문 시험을 통해 획득한 교육 증서가 지닌 사회적 위세로 인해 강력하게 촉신된다. 그리고 이 사회적 위세

관료제

83

자체가 다시 경제적인 이익으로 전환될수록 그 발전은 한층 더 촉진된다. 과거에는 귀족 가문 증명이 동등한 신분이나 종교 재단 간부 자격의 전제 조건이었으며, 또한—귀족이 여전히 사회적으로 세력이 강한 곳에서는 어디서나—국가 관직 자격의 전제 조건이었지만, 오늘날에는 교육 증서가 그것을 대신한다. 종합 대학, 공과 대학, 상과 대학의 졸업장 발부, 일반적으로 모든 분야에서의 교육 증서 발급 요구는 관청이나 사무실에서의 특권층 형성을 조장한다. 교육 증서의 소유는 명망가와의 통혼 요구를 뒷받침해 주며(사무실에서 사장의 딸에게 청혼할 수 있는 우선적인 기회도 당연히 교육 증서를 갖고 있어야 기대할 수 있다), "명예 규범"을 준수하는 계층에의 가입 요구, 일의 성과에 따른 보수가 아니라 "신분에 알맞은" 지불의 요구, 확실한 승진과 노후 보장의 요구, 그러나 무엇보다도 졸업장을 가진 후보자들에게 사회적으로나 경제적으로 유리한 지위를 독점하게 하려는 요구 등을 뒷받침해준다. 우리는 모든 분야에서 일정한 교육 과정과 전문 시험의 도입을 요구하는 목소리가 커지는 것을 듣고 있다. 갑자기 생겨난 "교육열"이 그 원인이 아니라는 것은 말할 필요도 없다. 교육 증서 소유자들에게만 지위의 공급을 제한하고 이 지위를 그들에게만 독점시키려는 노력이 그 원인이다.

이 독점을 위한 보편적인 수단이 오늘날에는 "시험"이다. 그렇기 때문에 시험이 끊임없이 확산되고 있다. 그런데 교육 증서를 얻는 데 필요한 교육 과정은 많은 비용과 수입이 없는 기간을 필요로 하기 때문에, 그 노력은 동시에 재산 때문에 재능("카리스마")의 억제를 의미한다—왜냐하면, 교육 증서를 얻는 데 드는 "정신적인" 비용은 항상 적으며, 게다가 이 비용은 교육 증서의 대량화에 따라 증대하는 것이 아니라 줄어들기 때문이다. 이 경우 예전에는 봉토를 받을 자격이 있으려면 기사다운 생활 태도가 요구되었는데, 이 요구는 우리나라에서는 교육 증서를 수여하는 대학의 학생 조합에 오늘날 남아 있는 그러한 생활 태도 흔적에의 참여로 대체되고 있으며, 앵글로색슨 나라들에서는 운동부나 클럽에의 가입으로 대체된다.

또 다른 한편에서 관료제는 언제나 잘 정비된 징계 절차를 만들어 관료에 대한 "상사"의 완전한 자의적인 조치를 배제함으로써 일종의 "관직 보유권"을 발전시키려고 노력하며, 관료에게는 지위, 규정에 따른 승진, 노후 대책을 보장해 주려고 한다. 그리고 이 점에서 관료제는 지배의 최소화를 요구하는 피지배자들의 "민주주의" 심리의 지지를 받는다. 피지배자들은 관료들에 대한 지배자의 자의적인 조치의 약화를 지배자 권력 자체의 약화로 볼 수 있다고 믿기 때문이다. 그러므로 이러한 한에서 관료제는 상인의 사무실에서나 공무에서나 특수한 "신분제" 발전의 추진자이다. 성질이 전혀 다른 과거의 관직 보유자들이 그랬던 것과 마찬가지로 말이다. 그리고 이미 앞에서 지적한 것처럼 특수한 임무를 위해 관료제를 기술적으로 이용하기 위해서도 흔히 신분상의 특성들을 그 나름대로 함께 사용한다. 그러나 이 불가피한 "신분적인" 성격에 대해서 이제 다시 민주주의는 반발하고 있다. 민주주의는 임명된 관료를 선거에 의한 단기 관리로 대체하고, 또 정비된 징계 절차를 국민 투표에 의한 관리 파면으로 대체하려고 노력한다. 따라서 이러한 노력은 서열상 상위에 있는 "지배자"의 자의적인 조치를 피지배자나—이 피지배자를 지배하는—정당 우두머리들의 마찬가지로 자의적인 조치로 대체하려는 노력이다.

일정한 교육이나 교양을 갖추었다는 것에 기인하는 사회적 위세는 그 자체로는 결코 관료 제도에 특유한 것이 아니다. 그 반대이다. 다만 그것은 다른 지배 구조하에서는 본질적으로 다른 내용을 토대로 할 뿐이다. 즉 봉건제, 신정제, 가산제의 지배 구조에서는, 영국의 명망가 행정에서는, 옛날 중국의 가산제적 관료제에서는, 고대 그리스의 소위 민주주의의 선동정치가 지배에서는―이 경우들 서로 간에는 여전히 매우 큰 차이가 있음에도 불구하고―교육의 목표나 사회적 평가의 기초는 "전문인"이 아니라―상투적인 말로 표현하면―"교양인"이었다. 이 표현은 여기에서는 완전히 가치 자유적으로[가치 중립적으로] 사용된다. 즉 "교양이 있다"고 여기는 생활 태도의 성질이 교육의 목표였고, 세분화된 전문 훈련은 교육의 목표가 아니었다는 의미로만 사용된다. 각각의 경우에 따라서 기사도나 금욕적인 태도를 갖춘 인물, 또는 (중국에서처럼) 문인으로서의 **교양을 갖춘** 인물, 또는 (고대 그리스에서처럼) 체육이나 음악의 **교양을 갖춘** 인물, 또는 앵글로색슨 나라에서는 일반적으로 행해지는 신사로서의 **교양을 갖춘** 인물은 지배 구조와―지배 계층에 소속되기 위한―사회적인 조건이 각인시킨 교육 이상이었다. 지배 계층 자체의 자격은 "교양 자질"을 많이 가졌다는 것에 따라 결정되며, 전문 지식을 많이 가졌다는 것에 따라 결정되지는 않는다.

물론 이 경우에도 군사, 신학, 법학에 관한 전문 능력은 철저하게 육성되었다. 그러나 고대 그리스의 교육 과정에서도 중세의 교육 과정에서도 중국의 교육 과정에서도 전공에 "유용한" 교육 요소와는 전혀 다른 교육 요소들이 중점을 이루고 있었다. 교육 제도의 기초에 관한 현대의 모든 논의의 배후에는 옛 "교양인"형型 대 "전문인"형의 투쟁이 어떤 결정적인 장소에 숨어 있다. 이 투쟁이 일어나는 이유는 공적이든 사적이든 모든 지배 관계에서 관료제화가 끊임없이 퍼지고 전문 지식의 중요성이 계속 커지는 것 때문인데, 여하튼 그 투쟁은 아주 은밀한 모든 문화 문제에까지 침입하고 있다.

관료제 조직은 확산될 때, 이미 여러 번 언급한 본질적으로 부정적인 장애물들을 극복하지 않으면 안 되었다(이 장애물들은 관료제 조직에 필요한 평준화를 방해하였기 때문이다). 그뿐만이 아니라, 이질적인 원리에 입각한 행정 구조의 형태들이 ― 이에 대해서는 이미 부분적으로 잠깐 언급한 바 있다 ― 관료제 조직과 교차하였으며, 지금도 교차하고 있다. 여기에서는 그 형태들이 실제로 존재하는 모든 유형을 논하는 일은 아마도 할 수 없을 것이다(그 일을 하게 되면 너무 방대해질 것이다). 그러나 특별히 중요한 몇 가지 구조 **원칙**을 가능한 한 단순화된 도식으로 짧게 언급할 수는 있다. 이는 다음과 같은 문제 제기에 의해서만 가능한 것은 아니지만, 언제나 다음과 같은 문제 제기에 의해서도 가능하다. ① 그처럼 이질적인 원리에 입각한 행정 구조의 형태들은 어느 정도로 경제적인 조건에 제약받고 있는가, 또는 그러한 형태들의 발전 가능성은 그 밖의 사정, 예를 들면, 순전히 정치적인 사정에 의해서 만들어지는가, 아니면 그 형태들의 기술적인 구조 자체에 내재하는 "자기법칙성"에 의해서 만들어지는가? ② 그처럼 이질적인 원리에 입각한 행정 구조의 형태들은 그 자체가 경제적인 효과를 발휘하는가, 그리고 발휘한다면 어떤 특수한 효과를 발휘하는가? 이 경우 당연히 처음부터 주목해야 하는 것은 이 모든 조직 원리들의 유동성과 상호 이행성이다. 그 조직 원리들의 "순수한" 유형들은 어디까지나 분석을 위해 특별히 가치 있고 없어서는 안 되는 극단적인 경우들로만 간주될 수 있을 뿐이다. 거의 언제나 혼합된 형태로만 나타나는 역사상의 현실은 이 극단적인 경우들 사이에서 움직여 왔으며, 또 아직도 움직이고 있다.

관료제 구조는 어디에서나 나중에 발전한 산물이다. 우리가 이 발전을 거슬러 올라가면 갈수록, 지배 형태에서 관료제와 관료 계층이 전반적으로 없는 것이 전형적인 현상이 된다. 관료제는 "합리적인" 성격을 갖고 있다. 즉 규칙, 목적, 수단, "객관적인" 비인격성이 관료제의 행동을 지배한다. 따라서 어디에서나 관료제의 발생과 보급은 아직 더 논의해야 할 특수한 의미에서 "혁명적인" 영향을 미쳤다. 합리주의의 전반적인 진전이 흔히 모든 영역에서 그렇게 하는 것처럼 말이다. 이 경우 관료제는 이 특별한 의미에서 합리적인 성격이 없는 지배의 구조 형태들을 없애버렸다. 그러므로 우리는 다음과 같이 묻는다. 그처럼 합리적인 성격이 없는 지배 구조의 형태들은 어떤 것이었는가?

부록

- 관료제의 행정 직원을
  갖춘 합법적 지배

- 사회주의
  —1918년 빈에서 오스트리아
  장교들에게 행한 일반 교양 강연

관료제의 행정 직원을 갖춘
합법적 지배*

머리말: 여기에서는 의도적으로 특별히 근대적인 형식의 행정에서 출발한다. 이는 나중에 다른 형식의 행정과 대비하기 위해서이다.

§3. 합법적 지배는 다음과 같이 서로 연관된 관념들의 타당성에 근거를 두고 있다.

1. 임의의 법이 협약에 의해서든 강요에 의해서든 간에 합리적으로—즉, 목적 합리적으로나 가치 합리적으로(또는 이 둘 모두에)—지향되어 **제정**될 수 있으며, 적어도 단체의 동료들에게는 이 법을 준수할

---

* Max Weber, 〈Die legale Herrschaft mit bürokratischem Verwaltungsstab〉, 《Wirtschaft und Gesellschaft》, Tübingen: J. C. B. Mohr, 1972, S.125~130.

것을 요구할 수 있다. 그러나 보통은 단체의(지역 단체의 경우에는 지역의) 세력권 내에서 단체의 질서에 의해 단체와 관계있다고 선언되는 일정한 사회적 관계에 들어가거나 또는 사회적으로 행위를 하는 개인들에게도 그 법을 준수할 것을 요구할 수 있다.

2. 모든 법은 그 본질상 추상적인―보통의 경우에는 의도적으로 제정된―규칙들의 질서정연한 세계Kosmos이다. 사법은 이 규칙들을 개별적인 경우에 적용하며, 행정은 단체의 질서에 의해 계획된 관심사항을 법규의 한계 안에서 합리적으로 관리한다. 그리고 이러한 일은 일반적으로 단체의 질서 안에서 동의를 얻거나 적어도 거부되지 않는 특정한 원칙에 따라 이루어진다.

3. 따라서 전형적인 합법적 지배자, 즉 "상관"은 지시를 내려 명령할 때 그로서는 비인격적인 질서에 복종한다. 다시 말하면, 그는 이 질서에 맞춰 자신의 지시를 내린다.

이것은 "관료"가 아닌 합법적인 지배자, 예를 들면, 선출된 국가 대통령에게도 해당된다.

4. 복종하는 사람은―사람들이 대부분의 경우 이렇게 표현한다―**동료**로서만 그리고 "법에"만 복종한다.

그는 단체의 동료로서, 자치 공동체의 동료로서, 교회의 구성원으로서, 국가에서는 시민으로서 복종한다.

5. 3번에 의해 단체의 동료들은 지배자에게 복종할 때 그 개인에게 복종하는 것이 아니라 그러한 비인격적인 질서에 복종하는 것이다. 따라서 그들은 이 질서에 의해 지배자에게 할당되고 합리적으로 구획된 객관적인 **관할권** 내에서만 복종할 의무가 있다.

그러므로 합리적 지배의 기본 범주는 다음과 같다.

(1) 규칙에 따라 연속적으로 이루어지는 직무의 경영.

(2) 이러한 경영은 권한(관할권) 내에서 이루어진다. 이때 권한이란:

　ⓐ 일의 배분에 의해 객관적으로 구획된 수행 의무의 영역을 의미한다.

　ⓑ 직무 경영에 필요한 명령권이 어느 정도 부여되어 있다는 것을 의미한다.

　ⓒ 경우에 따라서는 허용될 수 있는 강제 수단과 그 사용의 전제가 확고하게 구획되어 있다는 것을 의미한다.

이 같은 질서를 갖춘 경영은 "**관청**"이라고 불러야 할 것이다.

이러한 의미의 "관청"은 "국가"와 "교회"에는 물론 거대한 사기업이나 정당, 군대에도 똑같이 존재한다. 또한 선출된 국가 대통령(또는 내각이나 선출된 "인민 대의원들"의 합의체)도 이 용어의 의미에서는 "관청"이다. 그렇지만 이 범주들은 지금은 아직 관심의 대상이 아니다. 모든 관청이 똑같은 의미에서 "명령권"을 갖고 있지는 않다. 그러나 여기에서는 이 구분에 관심을 두지 않는다.

그 외에도

(3) **직위 위계**의 원칙이 존재한다. 즉 모든 관청에는 확고한 통제 관청이나 감독 관청에 관한 질서가 존재하며, 하급 관청은 상급 관청에 소원所願이나 이의를 제기할 수 있는 권리가 있다. 이때 이 이의 처리 기관이 변경해야 할 지시를 직접 "올바른" 지시로 대체하는지, 아니면 이의를 처리하는 하급 직위에 그 일을 위임하는지 또 어떤 경우에 그렇게 하는지 하는 문제는 다양하게 해결된다.

(4) 업무를 처리할 때 기준이 되는 "규칙"은

ⓐ 기술적인 규칙일 수도 있고,

ⓑ 규범일 수도 있다.

이러한 규칙을 사용할 때 완전한 합리성을 위해서는 두 경우 모두 **전문 교육**이 필요하다. 그러므로 대개의 경우 전문적인 교육을 잘 받았다는 것을 증명한 사람만이 단체의 행정 직원이 될 수 있는 자격을 갖게 되며, 그러한 자만이 **관료**로 채용될 수 있다. "관료"는 합리적인 단체의 전형적인 행정 직원을 구성한다. 이 단체가 정치 단체이든 교권제 단체이든 (특히 자본주의의) 경제 단체이든 그 밖의 단체이든 상관없다.

(5) (합리적인 경우에는) 행정 직원이 행정 수단이나 조달된 자금으로부터 완전히 분리되어야 한다는 원칙이 요구된다. 행정 직원으로서의 관료, 사무직 사원, 노동자는 물적인 행정 수단이나 조달된 자금을 자기 것으로 소유하는 것이 아니라, 그것을 현물이나 돈의 형식으로 제공받으며 계산 의무가 있다. 직무상의(경영상의) 재산(또는 자본)은 사유 재산(가계)과 완전히 분리되고, 직무 경영의 장소(사무실)는 거주 장소와 완전히 분리된다는 원칙이 존재한다.

(6) 완전히 합리적인 경우에는 직무상의 지위가 점유자에 의해 사적으로 이용되는 일이 없다. "직무"에 대한 "권리"가 확립된 곳에서는 (예를 들어, 재판관의 경우에서처럼, 그리고 최근에는 점점 더 많은 관료나 노동자 계층의 경우에서처럼), 직무상의 지위는 보통 관료가 사적으로 이용하는 목적에 쓰이는 것이 아니라, 순전히 객관적으로("독립적으로") 규범에 따라서만 직무를 수행하도록 보장하는 데 쓰인다.

(7) 행정의 **문서화** 원칙이 요구된다. 구두에 의한 논의가 사실상 통례이거나 심지어는 규정인 경우에도 그렇다. 적어도 사전 논의, 제안, 최종 결정, 모든 종류의 처리나 지시는 **문서로** 확정된다. 서류와 **관료**에 의한 연속적인 경영이 합쳐져서 **사무실**이 생겨난다. 사무실은 모든 근대적인 단체 행위의 핵심을 이룬다.

(8) 합법적 지배는 매우 다양한 행태를 취할 수 있는데, 이에 대해서는 나중에 따로 말할 것이다. 이하에서는 우선 의도적으로 **행정** 직원, 말하자면 "관료층", 즉 "관료제"의 가장 순수한 지배 구조만을 이념형적으로 분석할 것이다.

지도자 유형의 종류를 논의하지 않는 것은 여러 가지 사정 때문인데, 이 사정은 나중에야 비로소 완전히 이해될 수 있을 것이다. 매우 중요한 유형의 합리적 지배가 지도자에 관한 한 형식적으로는 다른 유형에 속한다(세습 왕조는 세습 카리스마적 지배의 유형에 속하며, 국민 투표에 의해 선출된 대통령은 카리스마적 지배의 유형에 속한다). 또 다른 유형의 합리적 지배는 중요한 부분에서는 실질적으로 합리적이지만, 관료제와 카리스마주의Charismatismus 사이의 중간에 있는 방식으로 구성되어 있다(내각 정부). 또 다른 유형의 합리적 지배는 **다른** 단체("정낭")의 (카리스마적이든 관료제적이든) 지도자가 이끈다(정당에 소속된 각료). 합리적이며 합법적인 행정 직원이라는 유형은 보편적으로 적용될 수 있다. 그는 일상에서 중요하다. 왜냐하면, 지배란 **일상**에서는 일차적으로 **행정**이기 때문이다.

§4. 가장 순수한 유형의 합법적 지배는 **관료제의 행정 직원을** 사용한다. 단체의 지도자만이 탈취에 의해서든 선거나 후계자 지명에 의해서든 우두머리 지위를 소유한다. 그러나 그의 우두머리로서의 권한도 합법적인 "권한"의 범위 안에 있다. 행정 직원 전체는 그 가장 순수한 유형에서는 **개별적인 관료들**로 구성되어 있다(단일 지도 체제. 이와 대립되는 "합의제"에 대해서는 나중에 말하겠다). 이들은

1. 개인적으로 자유롭게 **객관적인** 직위 의무에만 복종한다.

2. 확고한 직위 **위계** 속에 있다.

3. 확고한 직위 **권한**을 갖는다.

4. 계약에 의해, 다시 말하면(원칙적으로), 자유로운 선발을 근거로 해서 채용된다.

5. **전문 자격**에 따라서—가장 합리적인 경우에는, 시험을 통해 검증되고 자격증을 통해 확인된 전문 자격에 따라서—**채용된다**(선출되는 것이 아니다).

6. 고정된 봉급을 **화폐**로 받으며, 대부분 연금을 받을 권리를 갖는다. 그러나 경우에 따라서는 (특히 사기업에서는) 우두머리 쪽에서도 해고를 고지할 수 있지만, 관료 쪽에서도 언제든 그만둔다고 알릴 수 있다. 이 봉급은 일차적으로는 위계 서열에 따라, 그 외에는 지위의 책임

정도에 따라, 그 밖에 "신분 적합성" 원칙에 따라 차등화 된다.

7. 자신의 직무를 유일한 직업 또는 주된 **직업**으로 여긴다.

8. 경력, 즉 "승진"은 재직 연수年數나 업적에 따라 또는 이 둘 모두에 따라 이루어지며, 상관의 판단에 달려 있다.

9. "행정 자금"과 완전히 "분리되어" 있고, 직무상의 지위를 사적으로 이용하지 않으면서 일한다.

10. 엄격하고 통일된 직무상의 **규율**과 감독 아래에 있다.

이러한 질서는 원칙적으로 영리 경제의 기업이나 자선 단체 또는 이념상으로든 물질상으로든 개인적인 목적을 추구하는 그 밖의 어떤 경영체뿐만 아니라 정치 단체나 교권제 단체에서도 똑같이 적용될 수 있으며, 역사적으로도(순수한 유형에 다소 간 많이 근접한 형태로) 증명될 수 있다.

1. 예를 들면, 관료제는 기부금으로 운영되는 병원이나 교단의 병원과 마찬가지로 개인 병원에서도 원칙적으로는 똑같다. 근대의 소위 "부제주의Kaplanokratie"[1]는 예전에는 대체적으로 교회가 사적으로 이용한 교회록을 몰수할 뿐만 아니라 (형식적인 보편적 "권한"으로서의) 총괄 주교직과 (실질적인 보편적 "권한"으로서의) 무오류성을 주장하는데(이때

---

1 부제副祭란 가톨릭에서 부제품을 받은 성직자로 사제 밑에 있다. 중세 초기 이후에는 주임 사제에 의해 임면되었지만, 19세기 초 이후에는 임면권이 주교에게 넘어가 부제는 주임 사체에 대해서 녹립성을 갖게 되었다.

무오류성은 "교황의 권위에서ex cathedra" 즉 직위에서 나오며, 따라서 전형적으로 "직위"와 "사적" 활동을 구분한다), 이는 전형적인 관료제 현상이다. 거대한 자본주의 기업도 사정은 마찬가지이며, 규모가 클수록 더하다. **정당**의 경영(이에 대해서는 따로 말할 것이다)이나, "장교"라고 불리는 특수한 종류의 군사 **관료**에 의해 지휘되는 근대의 관료제 식 군대도 사정은 덜하지 않다.

2. 관료제 지배는 관료 임명 원칙이 가장 순수하게 지배하는 곳에서 가장 순수하게 행해진다. 임명된 관료의 위계와 똑같은 의미에서의 선출 관료의 위계는 존재하지 않는다. 하위직 관료가 상위직 관료와 마찬가지로 자신이 선거로 선출되었다는 사실을 내세울 수 있고, 또 그의 기회가 **상위직 관료**의 판단에 달려 있지 않은 곳에서는 이미 규율의 엄격함이 당연히 대충이라도 똑같은 수준에 도달할 수 없다(선출 관료에 대해서는 아래의 §14를 보라).[2]

3. 계약에 의한 채용, 즉 자유로운 선발이 **근대적인** 관료제에서는 **본질적**이다. **자유롭지 못한** 관료들(노예, 가신)이 객관적인 권한을 지닌 위계 조직에서, 말하자면, 형식적으로는 관료제 방식으로 역할을 수행할 때, 우리는 이것을 "가산 관료제"라고 부를 것이다.

4. 관료제에서는 전문 자격의 범위가 계속 늘어난다. 정당이나 노

---

2 §6 이후는 《경제와 사회》 제1부 3장 2절 이하를 참고하라.

동 조합의 관료도 **전문적인**(경험으로 얻은) 지식을 필요로 한다. 근대의 "각료"와 "국가 대통령"이 전문 자격을 요구하지 않는 유일한 "관료"라는 것은 그들이 **실질적인** 의미에서가 아니라 **형식적인** 의미에서만 관료라는 사실을 증명한다. 대규모의 사적인 주식 회사의 "사장"이 그런 것처럼 말이다. 결국 자본주의 기업가는 "군주"와 똑같은 식으로 그 지위를 차지하고 있다. 따라서 관료제 지배는 그 **꼭대기**에서는 불가피하게 적어도 **순수하게** 관료제적이지 않은 요소를 하나 갖고 있다. 관료제 지배란 특수한 **행정 직원**에 의한 지배의 한 가지 범주에 불과하다.

5. 고정적인 봉급이 정상적인 것이다. (사적으로 독차지하는 수수료 수입을 우리는 "녹봉"이라고 부를 것이다. 이 개념에 대해서는 §8을 보라.) 화폐 봉급도 마찬가지이다. 화폐 봉급이 전적으로 관료제 개념에서 본질적인 것은 아니지만, 그래도 가장 순수하게 그 유형과 일치한다. (현물 급여는 "녹봉" 성격을 갖고 있다. 녹봉은 보통의 경우 영리 기회와 지위를 **독차지하고 있다는 것**을 나타내는 한 범주이다.) 그러나 바로 그러한 예들이 보여주는 바와 같이, 이 급여 유형들 사이에서의 이행은 완전히 유동적이다. 직위 임차, 직위 구입, 직위 저당에 의한 전유는 순수한 관료제와는 다른 범주에 속한다(§7a항 3번의 끝부분).

6. "부업"이나 궁극적으로는 "명예직"으로서의 "직위"는 나중에(§19 이하에서) 논의할 범주에 속한다. 전형적인 "관료제"의 관료는 본업 관료이다.

7. 행정 수단으로부터 분리는 공적인 관료제에서나 사적인 관료제(예를 들면, 거대한 자본주의 기업)에서나 아주 똑같은 의미로 행해진다.

8. **합의제** "관청"에 대해서는 다시 나중에(§15) 따로 고찰할 것이다. 합의제 관청은 빠르게 줄어들고 있으며, 사실상으로나 또한 대부분 형식상으로도 단일 지도적인 지휘가 늘어나고 있다(예를 들면, 프로이센에서는 합의제 "정부"가 오래 전부터 단일 지도 체제 "정부의 **대통령**"에게 자리를 내주었다). 신속하고 분명한 행정, 따라서 다수의 의견 타협이나 의견 돌변에서 벗어난 행정에 대한 관심이 이러한 변화를 가져온 결정적인 요인이다.

9. 물론 근대적인 장교는 임명된 **관료**의 범주에 속하는 신분상의 특징을 갖추고 있는데, 이 특징에 대해서는 다른 곳(제IV장)에서 말할 것이다. 근대의 장교는 한편으로는 선거로 선출되는 지도자와도 전혀 다르며, 다른 한편으로는 카리스마적인 용병 대장(§10)과도 전혀 다르다. 세 번째로는 자본주의적인 기업 장교(용병 군대)와도 전혀 다르고, 네 번째로는 장교직 구매자(§7a의 끝부분)와도 전혀 다르다. 이 유형들 사이에서의 이행은 유동적일 수 있다. 행정 수단으로부터 분리된 가산제의 "가신"과 자본주의적인 군대 **기업가**는 종종 자본주의적인 사기업가처럼 근대 관료제의 선구자였다. 이에 대해서는 나중에 자세히 말할 것이다.

§5. 순전히 관료제적인 행정, 다시 말해서 서류에 의한 관료제

적—단일 지도 행정은 모든 경험에 따르면 순전히 **기술적으로** 최고도의 성과를 달성할 수 있는 형태의 지배 행사이다. 그러한 행정은 조직의 우두머리와 이해관계자들을 위해 정확성, 연속성, 규율, 엄격성, 신뢰성 즉 계산 가능성, 성과의 강도 및 범위에서 형식상으로는 모든 업무에 보편적으로 적용될 수 있다. 다시 말하면, 순전히 관료제적인 행정은 이 모든 의미에서 형식상으로는 **가장 합리적인** 형태의 지배 행사이다. 모든 영역(국가, 교회, 군대, 정당, 경제 기업, 이익 단체, 협회, 재단, 그 밖의 어떤 영역이든)에서 "근대적인" 단체 행태의 발전은 관료제 행정의 발전 및 끊임없는 증대와 전적으로 일치한다. 예컨대, **관료제** 행정의 발전은 근대 서양 국가의 생식 세포이다. 겉으로는 관료제 행정과 반대되는 것처럼 보이는 모든 기관들(합의제의 이해관계자 대표이든, 의회의 위원회이든 "인민 민주주의 독재"이든 명예 관리이든 배심원이든 또는 그 밖의 무엇이든)이 존재하더라도, (그리고 마침내는 "신성한 관료"에 대해 질책이 있더라도) 한 순간이라도 잘못 생각해서는 안 되는 것은 모든 **연속적인 일**이 **사무실**에 있는 관료에 의해 이루어진다는 사실이다. 우리의 일상 생활 전체는 이러한 틀 속에 갇혀 있다. 왜냐하면, 관료제 행정이 **어디에서나**—다른 조건이 같을 경우—형식적인 기술상의 관점에서 가장 합리적이라면, 그것은 오늘날의 (인적으로든 물적으로든) **대규모** 행정에 대한 욕구에 결코 없어서는 안 되기 때문이다. 우리는 행정의 "관료제화"와 "아마추어화" 사이에서 어느 한쪽을 선택할 수 있을 뿐이다. 관료제 행정이 우월성을 획득하게 된 가장 큰 수단은 **전문 지식**이다. 재화 조달의 근대적인 지식과 생산 방식 때문에 전문 지식은 완전히 필수불가결한 것이 되었다. 이때 재화 소달이 자본주의 식으로 조직되는지 아니면 사회주의 식으로 조직되는지는 전혀 문제되지 않는다(다만 사회주의 식으로 조직된다는 것은, 자본주의와 **똑같은** 기술적인 성과를 달성하려고 한다면 전문 관료제의 의의가 엄청나게 커진다는 사실을 의미할 뿐이다). 피지배자들이 기존의 관료제 지배로부터 자신들을 지키려면 보통 마찬가지로 관료제화될 가능성이 있는 독자적인 대항 조직을 만들어야만 하는 것처럼, 관료제 기구 자체도 물질적이며 순전히 객관적인—따라서 이념적인—종류의 부득이한 이해 관심 때문에 스스로 계속해서 기능하지 않을 수 없다. 관료, 사무직 사원, 노동자가 행정 수단으로부터 **분리되어** 있고 또 **규율**과 **교육**이 필수불가결한 사회에서 관료제 기구가 없다면, 아직도 조달 수단을 소유하고 있는 사람들(농민)을 제외한 모든 사람에게는 근대적인 생존 가능성이 사라질 것이다. 관료제 기구는 권력을 잡은 혁명을 위해서도 점령하고 있는 적을 위해서도 보통은 종래의 합법적인 정부를 위해서와 마찬가지로 그저 계속해서 기능한다. 언제나 문제는 이것이다. **누가** 현존하는 관료제 기구를 **지배하는가**? 그리고 관료제 기구를 지배한다는 것은 언제나 **비**전문가에게는 제한적으로만 가능한 일이다. 자신의 의지를 관철시키는 데에는 전문적인 추밀 고문관이 비전문가인 각료보다 지속적으로는 대부분의 경우 더 우월하다. 연속적이고 엄격하고 집중적이며 **계산 가능한** 행정에 대한 수요 때문에, 관료제는 **모든** 대규모 행정의 핵심으로서 그처럼 운명적인 요소가 되었다. 자본주의는—자본주의만 그랬던 것은 아니지만 무엇보다도 분명히 자본주의가—역사적으로 관료제 기구를 만들어 냈으며(자본주의는 이 관료제 기구가 없다면 존속할 수 없다), 모든 **합리적인** 사회주의는 그 관료제 기구를 그저 받아들이지 않을 수 없으며, 또 증대시킬 것이다. 오직 (정치에서든 교권제에서든 협회에서든 경제에서든) **소규모** 경영만이 전반적으로 관료제 기구 없이 이루어질 수 있다. 자본주의가 오늘날의 발전 단계에서는 관료제를 **요구하는** 것처럼,—비록 자본주의와 관료제는 **역사적으로** 서로 다른 뿌리에서 성장했음에도 불구하고—자본주의는 또한 관료제가 가장 합리적인 형태로 존재할 수 있는 가장 합리적인 경제적 토대이기도 하다. 왜냐하면, 자본주의는 재정에 필요한 **화폐** 수단을 제공하기 때문이다.

관료제 행정을 위해서는 재정적인 전제 조건 이외에도 **본질적으로** 교통 기술적인 조건이 존재한다. 관료제 행정의 정확성은 철도, 전보, 전화를 필요로 하며, 점점 더 이것들에 얽매인다. 사회주의 질서라고 해서 이러한 사정을 바꿀 수는 없을 것이다. 문제는 다음과 같은 것일 것이다(제Ⅱ장 §12를 보라). 사회주의 질서는 자본주의 질서와 비슷하게 합리적인 행정을 위한 조건들을 만들어 낼 수 있는가, 다시 말하면, 바로 그 사회주의 질서를 위한—즉, 한층 더 확고한 형식적인 규칙에 따라 엄격하게 관료제적인 행정을 위한—조건들을 만들어 낼 수 있는가? 만일 그럴 수 없다면, 여기에는 사회학이 아주 많이 확인해야 하는 커다란 비합리성들 중의 하나가 다시 존재할 것이다. 그것은 형식적 합리성과 실질적 합리성 간의 이율배반이다.

관료제 행정은 **지식**에 의거한 지배를 의미한다. 이것은 관료제 행정을 특별히 합리적이게 하는 기본적인 성격이다. 관료제(또는 관료제를 이용하는 지배자)는 **전문** 지식을 통해 얻은 강력한 권력 위상을 넘어서서 **직무** 지식(업무 교류를 통해 얻었거나 "서류를 통해 안" 실무 지식)을 농해 자신들의 권력을 더욱 증대시키는 경향이 있다. "직무상의 비밀"이라는 개념은 권력을 추구하는 이러한 경향에서 유래한다. 이 개념은 관료제에만 해당되는 개념은 아니지만, 그래도 특별히 관료제적인 개념이다. "직무상의 비밀"이 전문 지식에 대해서 갖는 관계는 상업적인 경영 비밀이 기술적인 지식에 대해서 갖는 관계와 비교될 수 있다.

보통은 사적인 영리 이해관계자만이 **그의** 이해 관심 영역 내에서는 지식(즉 전문 지식이나 실무 지식) 면에서 관료제보다 **우월하다.** 말하자면, 자본주의 기업가가 그렇다. 그는 관료제의 합리적인 지식 지배의 불가피성으로부터 실제로 (적어도 상대적으로는) **영향을 받지 않는 유일한** 심급이다. 다른 모든 사람은 **대규모** 단체에서는 관료제 지배에 불가피하게 빠져든다. 이는 마치 대량의 재화를 조달할 때 물품의 정밀 기계의 지배에 빠져드는 것과 같다.

관료제 지배는 보통 사회적으로 다음과 같은 것을 의미한다.

1. 전반적으로 **전문** 자격을 가장 많이 갖춘 자를 충원하려는 관심에서의 **평준화** 경향.

2. 가능한 한 오래(종종 거의 30대 후반에 이르기까지) 전문 교육을 시키려는 관심에서의 **금권 정치화** 경향.

3. 형식주의적인 **비인격성**의 지배: 이상적인 관료는 화내지도 흥분하지도 않고, 미움도 열정도 없이, 따라서 "사랑"도 "열광"도 없이 단순한 **의무** 개념에 쫓겨서 "누구이든 간에 상관없이" 형식적으로는 "누구에게나" (즉, **사실상** 동일한 사정에 있는 이해관계자 누구에게나) 똑같이 자신의 직무를 수행한다.

그러나 관료제화가 (정상적인 경향이나 역사적으로도 정상적인 것으로 증명될 수 있는 경향에 따르면) 신분의 평준화를 **만들어 내는** 것처럼, 반대로 모든 사회적 평준화는 관료제화를 후원한다. 이 사회적 평준화는 행정 수단과 행정권을 독차지한 **신분제**의 지배자들을 제거할 뿐만 아니라, 재산 덕분에 "명예직"이나 "부업"으로 행정을 할 수 있는 직위 점유자도 "평등"에 대한 관심에서 제거하기 때문이다. 그리고 관료제화는 어디에서나 진척되고 있는 "**대중** 민주주의"의 불가피한 그늘이다. 이에 대해서는 다른 문맥에서 더 자세하게 말할 것이다.

합리적인 관료제의 정상적인 "정신"은 일반적으로 말하면:

1. 형식주의이다. 어떤 종류의 생활 기회이든 상관없이 개인적인 생활 기회의 보호에 관심 있는 모든 사람들은 이것을 요구한다. 왜냐하면, 그렇지 않을 경우 자의恣意가 지배할 것이기 때문이다. 그렇게 되면 형식주의는 가장 힘이 약한 노선이 된다. 관료들의 성향은 겉보기에는 또 부분적으로는 실제로 **이런** 종류의 이해 관심의 경향과 모순된다.

2. 관료들은 행복하게 해주어야 할 피지배자들을 위해 일할 때 그들의 행정 과제를 실질적인 공리주의 방향으로 처리하는 성향이 있다. 다만 이 **실질적인** 공리주의는 흔히 그에 상응하는 **규제 조치**들을 요구하는 방향으로 표현된다. 그리고 이 규제 조치들 자체는 다시 형식적인 성격을 지녔으며 많은 경우 형식주의에 따라 처리된다. (이에 대해서는 법사회학에서 논의할 것이다.) 이러한 **실질적** 합리성으로의 경향은 모든 피지배자들로부터 지지를 받는다. 이들은 1번에서 언급한 계층, 즉 잡은 기회의 "보호"에 관심 있는 자들의 계층에 속하지 않기 때문이나. 여기에서 유래하는 문제들은 "민주주의" 이론에 속한다.

사회주의 *
― 1918년 빈에서 오스트리아 장교들에게 행한 일반 교양 강연

오스트리아·헝가리 제국[1]의 황실 및 왕실 군대의 장교단 여러분에게 강연할 영광을 갖게 된 것은 이번이 처음인데, 내가 조금 당황하고 있는 것을 이해해 주시길 바랍니다. 왜냐하면, 내가 전제 조건인 황실 및 왕실 군대의 내부 사정을 거의 모르기 때문입니다. 바로 이 전제 조건은 병사들에게 미치는 장교단의 영향에서도 결정적입니다. 실로 자명한 사실입니다만, 예비역 장교나 향토 방위대 장교는 언제나 아

- Max Weber, 〈Der Sozialismus〉,《Gesammelte Aufsätze zur Soziologie und Sozialpolitik》 Tübingen, J. C. B. Mohr, 1988, S.492~518
1 1867년부터 1918년까지 존속한 합스부르크 왕가의 국가. 1867년 오스트리아 제국의 황제와 헝가리의 헝가리인 귀족들 사이의 대타협으로 성립하였다. 민족들 간의 분쟁이 많았지만 오스트리아-헝가리 제국은 50년 역사 동안 급속도의 경제 성장과 근대화 및 민주화 개혁을 추진하였다. 그러나 제1차 세계 대전으로 해체되었다.

마추어입니다. 그 이유는 그가 과학적인 사관 학교 예비 교육을 받지 않았을 뿐만 아니라, 경영의 내부 신경 체계 전체와 꾸준히 접촉하지 않기 때문입니다. 그러나 어쨌든 수년 동안 몇 번이고 독일의 매우 여러 지역의 독일 군대 안에서 어느 정도 있었다면―나의 경우가 그랬는데―장교단, 하사관단, 병사들 간의 관계를 많이 관찰할 수 있었기 때문에 적어도 이런 저런 영향력 중 어느 것이 가능하고 어느 것이 곤란하거나 불가능한지는 알 수 있을 것이라고 나는 생각합니다. 물론 나는 황실 및 왕실 군대에 대해서는 그런 것을 전혀 알지 못합니다. 내가 여러분 군대의 내부 사정에 대해 어느 정도 안다고 해도, 그것은 단지 아주 엄청난 객관적인 어려움에 관한 것에 불과한데, 이 어려움은 나의 경우 단적으로 말해서 언어 사정에서 유래합니다. 병사들의 언어를 실제로 알지 못해도 직무상의 일 이상으로 영향력을 미치려면 그들과 어떻게 접촉해야 하는지에 대해 여러분 군대의 예비역 장교들이 나에게 여러 번 설명해준 적이 있습니다. 나 자신은 독일인의 생각에서만 말할 수 있을 뿐입니다. 그러니 우선 독일에서는 이 영향력이 어떻게 행사되는지를 조금 말해보도록 하겠습니다.

이러한 견해는 "좁은 식견에서" 말하는 것입니다. 즉, 나는 이따금씩 독일을 여행했는데, 아주 긴 여행은 아니었습니다. 또 바쁜 일이 없을 때는 언제나 3등칸을 타는 것을 원칙으로 삼았습니다. 그러던 중에 전선에서 돌아오거나 전선으로 떠나는 수백 명의 병사들과 함께 있은 적이 있습니다. 그것은 바로 우리나라에서는 사람들이 장교들에 의한 계몽 활동으로 이해한 것이 시작될 무렵이었습니다. 그때 나는 병사들에게 질문하거나 내 쪽에서 말을 걸지 않아도, 그들이 그것에 대해 대단히 다양한 견해를 말하는 것을 그때 들었습니다. 그들은 언제나 장교의 권위에 대해 조금도 의심하지 않는 매우 믿음직한 병사들이었습니다. 속으로는 어느 정도 다른 태도를 취하는 병사들도 있었지만, 이들은 드물 뿐이었습니다. 그런데 문제는 항상 다음과 같은 것이었습니다. 즉, 모든 계몽 활동의 큰 어려움을 매우 빨리 알아차려야 한다는 것이었습니다. 그것은 특히 다음과 같은 것이었습니다. 어떤 종류의 것이든 간에 문제는 직접적으로나 간접적으로 지원해야 할 **정당** 정책이 아닌가라는 의심이 병사들에게서 생기면, 그들 대부분에게는 언제나 계몽 활동에 대한 불신이 있었다는 것입니다. 휴가를 얻으면 그들은 정당인들과 관계를 갖게 되고, 그렇게 되면 장교들과의 진정한 신뢰 관계를 유지해 나가는 것은 물론 어렵습니다. 더욱이 다음과 같은 큰 어려움도 있었습니다. 병사들은 장교의 군사 전문 지식은 무조건 인정하였지만—나로서는 이와 다른 생각은 들지 않습니다. 물론 독일에서도 때때로 간부에 대해 또는 그 밖의 무엇에 대해 비난하는 소리가 있긴 하지만, 군대의 권위가 근본적으로 의심받은 적은 결코 없었습니다—그 대신에 다음과 같은 감정에 부딪쳤다는 것입니다. 즉, 우리가 우리의 사적인 생활 환경과 거기서 생겨나는 것에 관해서는 장교들로부터 배우지만, 장교단은 역시 우리와는 다른 신분 계층에 속하며, 또한 기계나 쟁기 뒤에 있는 우리의 처지를 우리 자신과 똑같이 완전히 우리 입장이 되어 생각하는 것은 장교가 아무리 애를 써도 할 수 없다는 사실은 분명하다는 것입니다. 이것은 어느 정도 순진한 발언들을 다시 표현한 것입니다. 나는 계몽 활동이 잘못 운영되면 장교들의 권위는 그것이 전혀 흔들리지 않은 군대 영역에서

조차 상처받을 수 있다고 느꼈습니다. 왜냐하면, 병사들은 자신들이 잘 안다고 주장하는 영역에서는 장교의 권위를 무조건 인정하지 않기 때문입니다.

그런데 또 하나의 잘못은—지금은 그렇지 않지만—이전에 사회주의와 대결할 때 종종 저질러진 것입니다. 일찍이 정당 정책 측면에서 사회 민주당의 반대자 편에 서서 노동 조합의 관료들이나 정당의 관료들에 관해 "문자 그대로 노동자들의 돈으로 먹고 사는 사람들은 기업가라기보다는 오히려 그들이다"라고 노동자들에게 충고했지만, 사람들은 이미 오래 전부터 그런 충고를 듣지 않았습니다. 여기에는 그럴 만한 이유가 있었습니다. 왜냐하면, 이에 대해 당연히 모든 노동자가 다음과 같이 대답하기 때문입니다. "물론 그 사람들은 내 돈으로 생활하고 있습니다. 나는 그들에게 돈을 줍니다. 그러나 바로 그렇기 때문에 나는 그들을 믿을 수 있습니다. 그들은 나에게 의존하고 있습니다. 그들이 나의 이익을 대변해야 한다는 것을 나는 알고 있습니다. 따라서 나는 이래라 저래라 하지 않습니다. 이것이 내가 약간의 돈을 낼 가치가 있는 것입니다."

지식인층은 사실 도처에서 구호, 슬로건—마음 놓고 말하면—상투어를 만들어 내고 있으며, 또 예외 없이 모든 정당에서 일하고 있습니다. 그 지식인층은 좌익 정당과 사회 민주당에서도 일하고 있는데, 그들을 앞에서 말한 식으로 비방하려는 것으로부터도 사람들은 오늘날 벗어나 있습니다. 이는 당연합니다. 그런데 특히 내 생각에 긍정적으로 평가할 만한 것은 독일에서는 사람들이 노동 조합과 사이가 좋다는 사실입니다. 노동 조합에 대해서는 마음대로 다른 태도를 취할 수 있습니다. 노동 조합은 어리석은 짓도 저지릅니다. 그럼에도 불구하고 노동 조합에 대한 이러한 태도는 다름 아닌 군사 관점에서는 현명한 것이었습니다. 왜냐하면, 노동 조합은 여하튼 군사 단체에도 있는 그 어떤 것을 대표하기 때문입니다. 파업에 대해서는 마음대로 생각해도 좋습니다. 그것은 대부분의 경우 이해관계, 즉 임금을 둘러싼 투쟁입니다. 그렇지만 임금뿐만 아니라 정신적인 것을 둘러싼 투쟁도 매우 종종 있습니다. 즉 노동자들이 일단 이해하는 바와 같은 명예를 둘러싼 투쟁 말입니다. 사실 명예라는 것은 그것을 어떻게 이해하든 누구나 알지 않으면 안 되는 것입니다. 한 공장이나 같은 지부에 있는 조합원들의 명예 감정이나 동지애는 그들을 결속시킵니다. 결국 방향만 다를 뿐 군사 단체의 결속도 이 감정에서 기인합니다. 그리고 파업을 없앨 수 있는 수단은 거의 없기 때문에 ― 이런 종류의 공인된 단체와 비밀 단체 중에서 선택할 수 있을 뿐입니다 ― 나는 이 사실을 인정하는 것이 군사 관점에서도 현명하다고 생각합니다. 사정은 그렇습니다. 병사들과 사이가 좋고 또 그들이 **군사** 이익을 위태롭게 하지 않는 한, 독일에서 실제로 행해진 것처럼 그들과 타협하는 것입니다. 이것은 나의 주관적인 인상입니다.

이제 나는 여러분들이 영광스럽게도 나를 여기로 초청한 주제로 향하고 싶습니다. 사회주의의 입장과 그것에 대한 태도라는 주제는 물론 자세히 말하면 반년은 걸립니다 (왜냐하면, 이런 문제는 대학생들에게는 보통 이 정도로 길게 강의하기 때문입니다). 우선 나는 아주 다양한 종류의 "사회주의자들"이 있다는 점을 지적합니다. 자기 자신은 사회주의자라고 하면서도, 그 정당의 방향이 무엇이든 간에 정당에 속한 사회주의자는 언제나 사회주의자로 인정하지 않는 사람들이 있습니다. 순수하게 사회주의 성격을 지닌 **정당**은 모두 오늘날 **민주적인** 정당입니다. 나는 우선 이 민주적인 성격에 대해 간단히 논의해보고 싶습니다. 도대체 오늘날 민주주의란 무엇입니까? 이 점은 전적으로 문제의 핵심에 속합니다. 물론 나는 그것을 오늘은 짧게 언급할 수밖에 없습니다. 민주주의는 엄청나게 다양한 의미를 지닐 수 있지만, 그것 자체는 단지 주민 개개의 계급 간에 정치 권리의 형식상의 불평등이 존재하지 않는다는 것을 뜻할 뿐입니다. 그러나 이것은 얼마나 상이한 결과를 가져왔습니까?

오래된 유형의 민주주의에 대해 말하자면, 스위스의 우리, 슈비츠, 운터발덴, 아펜젤, 글라루스 등 여러 주에서는 오늘날에도 시민 모두가—아펜젤에는 투표권이 있는 사람들은 1만 2,000명이며, 그 밖의 곳에는 3,000명에서 5,000명이 있습니다—큰 광장에 모여, 그곳에서 지사 선거를 비롯해 새로운 조세법이나 어떤 행정 문제에 관한 의결에 이르기까지 모든 것에 대해 토론한 다음 거수를 통해 투표하고 있습니다. 그런데 이러한 구식의 스위스 민주주의에서 50년 내지 60년 동안 선출된 지사들의 명부를 주의 깊게 살펴보면, 눈에 확 띌 정도로 자주 동일 인물이 있거나, 그 정도는 아니어도 특정한 가족들이 이 관직을 오래 전부터 장악했다는 것, 따라서 민주주의가 법률상으로는 존재했지만 사실상으로는 귀족제로 운영되었다는 사실을 여러분은 알게 될 것입니다. 그렇지만 그 이유는 아주 간단합니다. 왜냐하면, 어떤 사업가도, 가령 지사직을 맡으면 자기 사업에서는 망하지 않을 수 없기 때문입니다. 지사가 되는 사람은 경제적인 의미에서 "여유"가 있어야 했으며, 따라서 일반적으로는 재산을 어느 정도 지닌 사람이어야 했습니다. 그렇지 않으면 그에게 높은 급료와 연금을 주어야 할 것입니다.

민주주의는 명예직의 부유한 사람들에 의해 적은 비용으로 운영되어야 하는가 아니면 유급의 직업 관료들에 의해 많은 비용을 들여 운영되어야 하는가, 이 둘 중 하나의 선택밖에 없습니다. 그런데 후자, 즉 직업 관료층의 발달은 이제 명예직으로는 충분하지 않은 곳, 즉 거대한 대중 국가에서는 모든 근대 민주주의의 운명이 되었습니다. 이것이 현재 미국의 상황입니다. 이론상으로는 그곳에서도 사정은 스위스와 비슷합니다. 각각의 주의 관료들 대부분과 합중국 전체의 대통령은 지방 집회를 통해서는 아니지만 그래도 직접적이거나 간접적인 **평등** 선거권에 따라 선출됩니다. 대통령은 합중국의 다른 관료들을 임명합니다. 사람들이 경험한 바에 따르면, 선출된 대통령이 **임명한** 관료들은 국민 투표로 뽑은 관료들보다 능력이라는 자질과 무엇보다도 청렴함에서 전체적으로 훨씬 더 낫습니다. 대통령과 그의 뒤에 있는 정당은 그들이 임명하는 관료들이 적어도 선거민이 기대하는 자질도 어떻게든 갖추는 것에 대해서 당연히 책임지기 때문입니다.

그런데 이러한 미국의 민주주의는 대통령이 바뀌는 4년마다 그가 임명해야 하는 30만 명 이상의 관료들도 교체되고, 또 각 주의 모든 지사와 함께 다시 수천 명의 관료들도 교체된다는 원칙에 근거하고 있는데, 이러한 민주주의가 그 끝을 향해 가고 있습니다. 그것은 아마추어들에 의한 행정이었습니다. 왜냐하면, 그때 정당에 의해 임명된 이 관료들은 다음과 같은 원칙에 따라 임명되었기 때문입니다. 그들은 정당에 봉사했기 때문에, 그 대가로 관료가 됩니다. 그들은 전문 자격에 대해서는 거의 묻지 않았습니다. 심사, 시험이나 그런 종류의 것은 얼마 전까지만 해도 미국의 민주주의에는 형식상으로는 알려져 있지 않았습니다. 그와는 반대로 사람들은 종종 다음과 같은 입장에 있었습니다. 즉, 모든 사람이 한 번은 여물통에 도달할 수 있게끔 관직이, 말하자면, 차례대로 한 사람에서 다른 사람에게로 순환되어야 한다는 입장에 있었습니다.

그런데 나는 이 점에 대해서 미국의 노동자들과 여러 번 이야기한 적이 있습니다. 순수 미국의 양키 노동자는 높은 수준의 임금을 받고 있으며 교양 수준도 높습니다. 어느 미국 노동자의 임금은 한 미국 대학교의 많은 조교수들의 봉급보다 더 많습니다. 이런 사람들은 부르주아 사회의 격식을 완전히 몸에 익혔으며, 실크 해트를 쓰고 부인과 함께 나타납니다. 부인은 어쩌면 재치나 우아함에서는 약간 떨어질지 모르지만, 그 밖의 다른 점에서는 다른 귀부인과 똑같이 행동합니다. 반면에 유럽에서 온 이주자들은 하층으로 흘러들어 갑니다. 나는 또 그러한 노동자와 자리를 함께 한 적이 있었는데, 그때 나는 그에게 이렇게 물었습니다. 당신들은 도대체 어떻게 해서 이런 사람들이 나라를 다스리도록 내버려둘 수 있습니까? 그 사람들은 당신들이 관직에 앉힌 사람들인데, 물론 정당 덕분에 관직을 얻었습니다. 그들은 자신들이 받는 봉급에서 세금으로 얼마간의 돈을 정당에 내고 있으며, 4년 후에는 연금 받을 권리를 갖지 못한 채 관직에서 물러나야 합니다. 그래서 그들은 말할 필요도 없이 관직을 이용해 가능한 한 많은 돈을 벌고 있습니다. 당신들로부터 공공연하게 수억 달러를 훔쳐가는 이 부패한 무리에게 어떻게 나라를 다스리도록 내버려둘 수 있습니까? 그때 나는 때때로 미국인다운 대답을 들었습니다. 그들의 노골적인 대답을 그대로 옮기면 다음과 같습니다. "상관없습니다. 훔칠 돈은 여기저기 충분히 있습니다. 그래도 다른 사람들이—우리도—돈을 벌 여지는 아직도 넉넉하게 남아 있습니다. 우리는 이 '정치꾼들', 즉 그 관료들에게 침을 뱉고 그들을 경멸합니다. 그러나 유럽의 당신들 나라에서 그런 것처럼 공부해서 시험에 합격한 계급이 관직을 차지한다면, 그들이 우리에게 침을 뱉을 것입니다."

이것이 이 사람들에게는 결정적인 것이었습니다. 유럽에 실제로 존재하는 그런 관료층, 즉 신분이 높고 대학 교육을 받았으며 전문적으로 훈련된 관료 계급이 생겨나는 것에 대한 두려움이 그것입니다.

그런데 말할 것도 없이 미국에서도 아마추어들에 의해서는 더 이상 나라를 다스릴 수 없는 시대가 이미 왔습니다. 전문 관료층이 엄청난 속도로 확대되고 있습니다. 전문 시험이 도입되었습니다. 그것은 우선 형식상으로는 일정한 기술 관료들에게만 의무적이었지만, 급속도로 확대되었습니다. 대통령에 의해 임명되는 관료들 중 지금도 이미 약 10만 명은 시험을 치러야만 임명될 수 있습니다. 이렇게 해서 옛 민주주의를 변화시키기 위한 첫 번째의 가장 중요한 발걸음이 시작되었습니다. 이와 함께 미국의 대학도 전혀 다른 역할을 하기 시작했으며, 대학의 정신도 근본적으로 변했습니다. 왜냐하면, 전쟁의 장본인은 어느 나라에나 있는 전쟁 물자 공급자가 아니라 미국의 대학들과 이곳에서 교육받은 계층이기 때문입니다. 이러한 사실은 미국 밖으로 항상 알려지지는 않습니다. 내가 1904년 그곳에 있었을 때, 미국 학생들이 나에게 가장 많이 물어본 것은 실제로 독일에서는 결투가 어떻게 이루어지는지, 상대에게 상처를 주려면 어떻게 하는지였습니다. 그들은 결투를 일종의 기사 제도라고 여겼습니다. 게다가 자신들도 이런 스포츠를 가져야 한다고 그들은 생각하였습니다. 이 문제에서 심상치 않은 것은 특히 내가 전공하는 분야의 문헌이 이러한 풍조에 영합하였다는 사실이었습니다. 당시로서는 최고의 저작에서 바로 다음과 같은 결론이 끝부분에 있는 것을 나는 보았습니다. "**전쟁**으로 서로 세계 무역을 절단하는 것이 수익을 낳는('건전한 사업관'이 되는) 시기가 오는 방향으로 세계 경제가 움직이는 것은 다행스러운 일이다. 그렇게 되면 우리 미국인이 품위 없이 돈만 버는 사람이었던 시대는 마침내 끝나고, 상무 정신과 기사도가 다시 세계를 지배할 것이기 때문이다." 퐁트누아 전투[2]에서는 프랑스 전령사가 적들에게 "영국인들이여, 먼저 사격하시오!"라고 소리 질렀는데, 미국 학생들은 현대의 전쟁을 이와 매우 비슷하게 상상하고 있었습니다. 그들은 전쟁을 일종의 기사 스포츠로 생각하였습니다. 이 스포츠가 그 더러운 돈의 추구 대신에 높은 신분을 나타내는 감정, 즉 고귀한 감정을 다시 불러일으킬 것이라고 생각한 것입니다.

---

2 퐁트누아Fontenoy전투: 오스트리아 왕위 계승 전쟁의 일환으로, 1745년 5월 11일 오늘날 벨기에인 오스트리아령 네덜란드에 있는 퐁트누아 근교에서 벌어진 전투. 이 전투에서 프랑스군은 영국, 네덜란드, 하노버, 오스트리아의 동맹군을 격파였다. 진위 여부는 알 수 없지만, 볼테르에 따르면 영국 제1보병 근위 연대의 사령관 찰스 헤이 경은 "프랑스 근위 연대의 신사들이여, 먼저 사격하시오"라고 권했고, 이에 프랑스 장교 드 안테로세 백작은 "말씀은 고맙지만 우리는 먼저 사격하지 않겠소. 그쪽이 먼저 사격하시오"라고 대답했다고 한다.

이 카스트는—내가 아는 바에 따르면—마치 독일에서 미국이 다양하게 평가되는 것과 똑같이 미국을 평가해서 그들 나름대로 결론을 이끌어 낸다고 그들은 보고 있습니다. 이 카스트에서 결정적인 정치인들이 배출되었습니다. 이번 전쟁의 결과로 미국은 위대한 군대, 장교단, 관료제를 가진 국가가 되었습니다. 나는 당시에 이미 미국의 장교들과 이야기한 적이 있었는데, 그들은 미국의 민주주의가 그들에게 건 기대에 별로 동의하지 않았습니다. 예를 들면, 한 번은 이런 일이 일어났습니다. 나는 동료 교수의 딸 집에 있었는데, 마침 하녀가 가버렸습니다. 그곳에서는 하녀의 경우에도 두 시간 전에 미리 해고를 알려줍니다. 그때 마침 해군 사관후보생인 두 아들이 왔습니다. 그래서 어머니는 말하였습니다. "얘들아, 지금 나가서 눈을 치워라. 그렇지 않으면 매일 100달러의 벌금을 문다." 아들들은—마침 독일 해군 장교들과 함께 있었는데—그 일이 자신들에게는 어울리지 않다고 생각했습니다. 그러자 어머니는 "너희들이 하지 않으면 내가 해야 한다"고 말했습니다.

이번 전쟁은 미국에게 관료제의 발달과 함께 대학 사회에는 승진 기회를 가져다 줄 것입니다. 물론 이것에도 그럴 만한 이유가 있습니다. 간단히 말하면, 사람들이 유럽의 미국화에 대해 말한 것과 적어도 같은 속도로 이번 전쟁은 미국의 유럽화를 가져올 것입니다. 근대 민주주의는 그것이 큰 국가의 민주주의인 곳에서는 어디에서나 관료제화된 민주주의가 됩니다. 또 그렇게 될 수밖에 없습니다. 왜냐하면, 그것은 고귀한 귀족 출신의 명예 관료나 그 밖의 명예 관료를 유급 관료층으로 대체하기 때문입니다. 이것은 어디에서나 그렇게 되고 있으며, 정당 내부에서도 그렇습니다. 이것은 불가피합니다. 그리고 이 사실은 사회주의도 고려하지 않으면 안 되는 첫 번째 사실인데, 오랜 기간에 걸친 전문 교육, 점점 더 진전되는 전문의 세분화, 그렇게 교육받은 전문 관료층에 의한 운영 등의 필요가 그것입니다. 근대 경제는 다른 방식으로는 운영할 수 없습니다.

그런데 특히 불가피한 전반적인 관료제화가 가장 빈번하게 인용되는 상투어―"노동 수단으로부터의 노동자의 분리"라는 상투어―뒤에 숨어 있는 바로 그것입니다. 이것은 무엇을 뜻할까요? 노동자는 그가 생산할 때 사용하는 물적 수단으로부터 "분리"되어 있으며, 그가 처해 있는 임금 노예 제도는 이 분리에 기초를 두고 있다는 것입니다. 이 경우 다음과 같은 사실을 염두에 두고 있습니다. 즉, 중세에는 노동자가 기술 도구의 소유자여서 그것을 사용해 생산했는데 반해, 근대의 임금 노동자는 말할 것도 없이 그러한 소유자가 되지 못하며, 또 그렇게 될 수도 없습니다. 광산이나 문제의 공장을 경영하는 자가 일개의 기업가이든 국가이든 말입니다. 그 이외에도 다음과 같은 것들을 염두에 두고 있습니다. 즉, 수공업자는 그가 가공하는 원료를 그 자신이 샀었는데, 이에 반해 오늘날 임금 노동자의 경우는 그렇지 않고 또 그렇게 될 수도 없다는 것입니다. 그리고 그에 따라서 중세에는 또 수공업이 아직도 버티고 있는 곳에서는 지금도 어디에서나 개개의 수공업자가 제품을 자유롭게 처분할 권한이 있어 그것을 시장에 내다가 팔아 이익을 볼 수 있지만, 반면에 대기업에서는 제품의 처분권이 노동자에게 있지 않고 이 경영 수단을 소유한 자에게 있다고 하는 것입니다. 그것은 국가일 수도 있고 아니면 사적인 기업가일 수도 있습니다.

　이것은 사실입니다. 그러나 경제의 생산 과정에만 특유한 사실은 결코 아닙니다. 우리가, 예를 들면, 대학 내부에서도 체험하는 것 역시 그와 똑같습니다. 옛날 대학 강사와 교수는 자신들이 구입하거나 만들게 한 장서나 기술 수단을 가지고 연구했습니다. 예를 들면, 화학자는 그것을 사용해서 학문 연구에 필요한 것들을 만들어 냈습니다. 이에 반해 근대적인 대학 경영 속에 있는 오늘날의 많은 노동력은, 특히 큰 연구소의 조교들은 이 점에서는 그 어떤 노동자와도 똑같은 상태에 있습니다. 그들은 언제라도 해고될 수 있습니다. 그들이 연구소라는 곳에서 갖는 권리는 노동자가 공장이라는 곳에서 갖는 권리와 전혀 다르지 않습니다. 그들은 노동자와 마찬가지로 현행의 근무 규정에 따라 행동해야 합니다. 화학이나 물리학 연구소, 해부실이나 부속 병원에서 사용되는 재료나 기구, 기계 등에 대해 그들은 소유권이 없습니다. 이것들은 오히려 국가의 재산이며, 연구소 소장에 의해 관리됩니다. 그리고 그는 그 대가로 보수를 받습니다. 이에 반해서 조교는 봉급을 받는데, 이 봉급의 산정은 숙련 노동자의 그것과 본질적으로 다르지 않습니다.

　군대의 영역에서도 우리는 아주 똑같은 것을 봅니다. 과거의 기사는 그의 말과 갑옷의 소유자였습니다. 그는 무장과 양식 조달을 자신이 해야 했습니다. 당시의 군대 제도는 자기 자신이 장비를 갖추는 원칙에 근거하였습니다. 고대의 도시뿐만 아니라 중세의 기사 군대에서도 갑옷, 창과 말은 그 자신이 갖추어야 했으며, 식량도 그 자신이 휴대해야 했습니다. 근대적인 군대는 제후가 급식을 제공하기 시작했을

118

때, 말하자면, 병사와 장교가 더 이상 전쟁 경영 수단의 소유자가 되지 않게 된 순간에 생겨났습니다(이때 장교는 다른 관료와는 약간 다르지만, 이런 의미에서는 관료와 전적으로 일치합니다). 근대적인 군대의 단결도 이러한 점에 기인합니다. 러시아의 병사가 그토록 오랫동안 참호에서 달아날 수 없었던 이유는 이러한 기구의 장교단, 군사 행정 관료들이나 그 밖의 관료들이 존재해 군대의 각 대원은 자신의 삶 전체와 식량 조달이 이 기구의 기능 여하에 달려 있다는 것을 알았기 때문입니다. 그들 모두가 전쟁 경영 수단으로부터 "분리"된 것은 노동자가 노동 수단으로부터 분리된 것과 아주 똑같습니다.

봉건 시대의 관료, 따라서 행정권과 재판권을 부여받은 봉신도 기사와 같은 상태에 있었습니다. 그는 행정과 재판의 비용을 자신이 부담했으며, 그 대신에 수수료를 받았습니다. 이렇게 해서 그는 행정 경영 수단을 소유하였습니다. 근대 국가가 생겨난 것은 군주가 행정 경영 수단을 자신의 수중에 넣고 유급 관료를 채용하고, 그렇게 해서 경영 수단으로부터의 관료의 "분리"를 수행했기 때문입니다.

그러니까 사정은 어디에서나 똑같습니다. 즉, 공장, 국가 행정, 군대, 대학 연구소 내부에서는 관료제 식으로 조직된 인적 기구를 통해 경영 수단이 인적 기구를 지배하는 자의 수중에 집중되어 있습니다. 이러한 사정은 일부는 순전히 기술적으로 기계, 대포 등등의 근대적인 경영 수단의 특성에 의해 야기되었지만, 또 일부는 간단하게 말하면, 이런 종류의 인간 협력이 지닌 큰 능률, 즉 군대, 관청, 공장, 기업에서의 규율의 발달에 의해 야기되었습니다. 그렇지만 어쨌든 경영 수단으로부터의 노동자의 이러한 분리를 정세, 궁극적으로는 사정세에만 고유한 것으로 간주한다면, 그것은 중대한 오류입니다. 그 기구의 우두머리 인물이 바뀌어도, 가령, 사적인 공장주 대신에 국가의 대통령이나 장관이 그것을 관리해도, 근본적인 사정은 전혀 변하지 않습니다. 경영 수단으로부터의 "분리"는 어떤 경우에도 계속 존재합니다. 광산, 용광로, 철도, 공장이나 기계가 존재하는 한, 그것들은 결코 어느 한 개인 노동자나 여러 개인 노동자들의 소유물이 되지 못할 것입니다. 중세 때 한 수공업의 경영 수단이 어느 한 개인 조합장이나 어느 한 지역의 공장 조합 또는 동업자 조합의 소유물이었다는 의미로는 말입니다. 그것[경영 수단이 어느 한 개인 노동자나 여러 개인 노동자의 소유물이 되는 것]은 오늘날의 기술의 성질상 불가능합니다.

그런데 이러한 사실에 비해서 **사회주의**는 무엇을 뜻합니까? 이미 언급한 것처럼 이 말은 여러 가지 뜻이 있습니다. 그렇지만 사람들이 보통 생각하는 사회주의의 반대는 사경제 질서입니다. 말하자면, 경제 필수품의 공급이 사기업가의 수중에 있는 상태, 그러니까 이 기업가가 매매 계약과 임금 계약을 통해 물적 경영 수단, 직원이나 노동력을 조달한 다음 스스로 경제적 위험을 부담하고 자신의 이익을 기대하면서 재화를 생산하게 하며, 또 그것을 시장에 내다가 팔도록 함으로써 경제 필수품의 공급이 이루어지는 상태입니다.

사회주의 이론은 이 사경제 질서에 "생산의 무정부 상태"라는 상투어를 붙였습니다. 사경제 질서는 제품 판매에 대한 개개 기업가의 고유한 관심, 즉 돈을 벌려고 하는 관심이 잘 작용해 그 재화를 필요로 하는 사람들의 살림이 제대로 돌아가는지를 하늘에 맡기기 때문입니다.

그런데 한 사회 안에서 기업을 통해, 그러니까 사경제로 그 수요가 충족되는 것은 무엇이며, 또한 사경제적으로가 아니라 — 이 말의 가장 넓은 의미에서 — 사회주의적으로 (말하자면, 계획적으로 조직해서) 그 수요를 충족한다는 것은 무엇인지라는 문제는 역사적으로 변해왔습니다.

예를 들어 말하면, 중세에는 제노바 같은 공화국들은 주식 합자 회사, 소위 마오나단으로 하여금 키프러스 섬에서 대규모의 식민지 전쟁을 하도록 하였습니다. 이 마오나단은 필요한 자금을 모아 적절한 용병들을 고용해 그 지역을 정복했습니다. 마오나단은 공화국의 보호를 받았으며, 말할 것도 없이 그 지역을 농장지나 과세 대상으로서 자신들의 목적을 위해 착취했습니다. 마찬가지로 동인도 회사는 영국을 위해 인도를 정복했고 자신들을 위해 착취했습니다. 후기 이탈리아 르네상스 시대의 용병 대장도 같은 범주에 속했습니다. 용병 대장은 그들 중의 마지막 인물인 발렌슈타인[3]과 똑같이 자신의 이름으로 또 자신의 자금으로 군대를 모집했습니다. 군대가 약탈한 전리품의 일부도 그의 주머니 속으로 흘러 들어갔습니다. 당연히 그는 흔히 군주나 왕 또는 황제가 그가 한 일에 대한 대가로 또는 경비를 보충해 주기 위한 보수로 일정액을 지불해 줄 것을 요구했습니다. 이보다는 독립성이 적지만, 18세기만 하더라도 연대장은 자신이 신병을 모집하고 의복을 지급해야 하는 일종의 기업가였습니다. 그는 부분적으

---

3 알브레히트 폰 발렌슈타인Albrecht von Wallenstein(1583~1634). 보헤미아의 군인이자 정치가.

로는 군주의 창고에 의존했지만, 언제나 상당한 정도로는 자신이 위험을 부담했으며, 또 자신의 이익을 위해 일했습니다. 따라서 전쟁 수행의 사경제적 경영이 완전히 정상적인 것으로 간주되었는데, 이것은 오늘날 우리에게는 이상하다고 생각될 것입니다.

다른 한편에서 도시에 곡물을 공급하거나 장인들이 일하는 데 없어서는 안 되는 수입 원료를 길드에 공급하는 일을 간단히 자유 무역에 맡길 수 있다는 것은 일찍이 중세의 어떤 도시나 길드에서도 생각할 수 없는 일이었을 것입니다. 오히려 고대 때부터 시작해서 중세 전체를 통해 도시가 그 일을 맡지 않으면 안 되었습니다. 로마에서는 대규모로 그렇게 했습니다. 자유 무역은 그 일을 보충하는 것에 불과했습니다. 오늘날의 전쟁 경제 시대와 거의 비슷하게 공동 작업, 오늘날 기꺼이 불리는 바와 같이 "국영화"가 경제 부문에 널리 존재하고 있었습니다.

그런데 오늘날 우리 상황의 특징은 이렇습니다. 즉 사경제가 사적인 관료제 조직과 결합해서, 그러니까 경영 수단으로부터의 노동자의 분리와 결합해서 이 분야에서 세계사상 지금까지 결코 유례가 없을 정도로 이 두 가지 특색을 함께 지닌 한 영역 (다시 말하면, **공업** 생산)을 지배하고 있다는 것입니다. 그리고 또한 이러한 과정이 공장 안에서 기계적으로 생산하는 것과 일치한다는 사실, 따라서 동일 공간 내에 노동력이 지역적으로 집결하는 것, 즉 공장이나 광산에서 기계에 맞춰 일하며 공동의 노동 규율을 갖추는 것과 일치한다는 사실도 오늘날 우리 상황의 특징입니다. 이 규율이야말로 오늘날과 같은 노동 수단으로부터의 노동자의 "분리"에 독특한 특징을 줍니다.

이러한 생활 상태에서 즉 공장 규율에서 근대 사회주의가 생겨났습니다. 어디에나, 어느 시대에나 또 지구상의 어느 나라에나 아주 다양한 종류의 사회주의가 있었습니다. 그렇지만 근대 사회주의의 특성은 이러한 기반에서만 가능합니다.

이러한 노동 규율에의 복종이 공업 노동자들에게 너무 지나치다고 느껴질 수 있는 것은, 가령, 노예 농장이나 부역 영지와는 달리 근대의 공장 경영이 대단히 심한 **도태** 과정에 근거하기 때문입니다. 오늘날의 공장주는 노동자가 싼 임금으로 일하려고 한다는 이유만으로 아무 노동자나 고용하지 않습니다. 오히려 그는 성과급 임금의 노동자를 기계에 배치하고는 이렇게 말합니다. "자, 일하세요. 당신이 얼마나 하는지 나는 보겠습니다." 만약 그가 일정한 최저 임금도 받을 수 없다는 것을 나타내면, 공장주는 그에게 이렇게 말합니다. "유감스럽게도 당신은 이 일에 맞지 않는군요. 우리는 당신을 쓸 수 없습니다." 그는 해고될 것입니다. 기계를 완전히 이용하는 법을 아는 노동자가 근무하지 않으면 그 기계는 완전히 이용되지 못하기 때문입니다. 이런 일은 어디에서나 비슷하게 일어나고 있습니다. 고대의 노예 경영에서는 주인이 그가 소유한 노예들에게 얽매여 있었습니다. 그들 중의 어느 한 명이 죽으면, 그것은 주인에게는 자본 손실이었기 때문입니다. 그런데 이 고대의 노예 경영과는 반대로 근대의 모든 공업 경영은 이러한 도태 원리에 기초를 두고 있습니다. 그리고 이 도태는 다른 한편에서는 기업가들 상호 간의 경쟁에 의해 극도로 격화됩니다. 그래서 이 경쟁이 개개의 기업가로 하여금 일정한 최고 임금을 넘어서지 못하게 합니다. 노동자 임금이 강제적인 성질은 규율이 불가피성과 일치합니다.

오늘날 노동자가 기업가에게 가서 "우리는 이 임금으로는 살 수 없습니다. 좀 더 주십시오"라고 말하면, 기업가는 십중팔구—나는 평소에 실제로 경쟁이 심한 부문을 염두에 두고 말하는 것입니다—노동자들에게 그의 장부를 보여주면서 이렇게 말할 것입니다. 그것은 안 됩니다. 경쟁자는 이러이러한 임금을 주고 있습니다. 내가 무리하게 이러저러한 만큼 더 지불하면, 주주에게 줄 수 있는 이윤 모두가 장부에서 사라집니다. 나는 경영을 계속할 수 없게 됩니다. 왜냐하면, 나는 은행에서 돈을 빌리지 못할 것이기 때문입니다. 이런 식으로 말하는 것은 그가 솔직한 사실을 말하는 것에 불과하지만, 그런 경우는 자주 있습니다. 마지막으로, 경쟁의 압력하에서는 수익성이 다음과 같은 점에 달려 있다는 사실이 추가됩니다. 즉, 가능한 한 많은 인간 노동이나 높은 임금을 받기 때문에 경영에 많은 비용이 들게 하는 종류의 인간 노동을 노동 절약적인 새로운 기계로 쫓아내고, 따라서 "숙련" 노동자가 "비숙련" 노동자나 직접 기계에서 "교육받은" 노동자로 대체되는 것에 수익성이 달려 있다는 사실 말입니다. 이런 일은 피할 수 없으며 끊임없이 일어납니다.

그런데 이 모든 것은 사회주의가 "인간에 대한 사물의 지배", 즉 목적(수요 충족)에 대한 수단의 지배로 파악하는 것입니다. 과거에는 피보호자, 농노 또는 노예의 운명에 대해 책임을 물을 수 있는 개인들이 있었지만, 오늘날에는 그럴 수 없다고 사회주의는 보고 있습니다. 따라서 사회주의는 인간에 대해서가 아니라 생산의 질서 자체에 대해서 대항하는 것입니다. 과학적으로 훈련된 사회주의자는 모두 노동자에게 마련되어 있는 인생의 운명에 대해 개개의 기업가에게 책임을 묻는 것을 무조건 거부하면서 다음과 같이 말할 것입니다. 그 책임은 제도에, 즉 노동자와 기업가 등 모든 관련자들이 놓여 있는 불가피한 상황에 있습니다.

그러면 이야기를 적극적으로 해봅시다. 이 제도에 비하면 사회주의란 도대체 무엇입니까? 가장 넓은 의미에서 그것은 사람들이 흔히 "공경제公經濟"라고도 부르는 것입니다. 따라서 첫째, 이윤이 없는 경제, 말하자면, 사적인 기업가가 자신의 비용 부담과 책임하에 생산을 관리하는 상태가 없는 경제입니다. 그 대신에 이 경제는 곧 말하게 될 관점에 따라서 관리를 떠맡은 인민 단체의 관리들의 수중에 놓입니다. 둘째, 그 결과로서 소위 생산의 무정부 상태, 즉 기업가들 상호 간의 경쟁이 없습니다. 현재 특히 독일에서는 실제로 전쟁 때문에 이미 그러한 "공경제"의 발전이 한창이라고 아주 많이 말하고 있습니다. 그러면 이것을 고려하면서 다음과 같은 점을 간단히 언급해 보겠습니다.

그것은 각 민족의 경제 조직의 형성 방식이 원칙적으로 상이한 두 가지 원리에 기초할 수 있다는 점입니다. 첫째, 오늘날 사람들이 "국영화"라고 부르는 것인데, 전쟁 물자를 생산하는 공장에서 일해본 사람이라면 누구나 이것을 분명하게 잘 알고 있습니다. 그것은 무관이든 문관이든 국가 관료와 부문별로 결속한 기업가층의 협력에 기인합니다. 원료 공급, 신용 조달, 가격, 거래 관계는 이 경우 상당히 계획적으로 조절될 수 있으며, 이 신디케이트의 이익이나 의결에는 국가가 참여할 수 있습니다. 그렇게 되면 기업가는 이 관료들에게 감독을 받고 생산은 국가에 의해 통제될 것이니, 그렇게 됨으로써 이미 "진정한"·"본래의" 사회주의가 실현되었거나 아니면 그 도상에 있다고 사람들은 생각할 것입니다.

그렇지만 독일에서는 이 이론에 대해 상당한 회의론이 존재합니다. 전쟁 중에는 어떠한가에 대해서는 그냥 넘어가겠습니다. 그러나 생각이 깊은 사람이라면 누구나—만일 우리가 파멸을 향해 나가서는 안 된다면—평상시에는 지금처럼 계속 관리할 수 없다는 것을 알고 있습니다. 또한 평상시에는 그러한 국영화, 즉 모든 부문의 기업가를 강제로 카르텔로 묶어서 상당한 통제권은 양도하는 대신 이익 배당을 갖는 이 카르텔에 국가가 관여하는 것은 실제로 국가에 의한 산업 지배가 아니라 산업에 의한 국가 지배를 뜻할 것이라는 사실도 생각이 깊은 사람이라면 누구나 알 것입니다. 그렇지만 그 지배는 별로 유쾌하지 않은 방식으로 이루어질 것입니다. 신디케이트 내에서는 국가 측의 대표자들이 공장주들과 함께 회의에 참석하지만, 공장주들은 전문 지식, 상업적 훈련, 자신들의 이익에 대한 관심에서 그들보다 훨씬 더 뛰어날 것입니다. 그러나 의회 내에서는 노동자 측의 대표자들이 참석해서, 국가의 대표자들이 한편으로는 고임금을 위해 다른 한편으로는 저물가를 위해 애써야 한다는 요구를 제시할 것입니다. 그들은 국가의 대표자들이 그렇게 할 수 있는 권력을 갖고 있다고 말할 것입니다. 또 다른 한편에서는 재정을 파산시키지 않기 위해 국가는—그러한 신디케이트의 이익과 손실에 관여하지만—당연히 고물가와 저임금에 관심을 가질 것입니다. 그리고 마지막으로 신디케이트의 사경영 측 위원들은 국가에게 자기들 기업의 수익성을 보장해줄 것을 기대할 것입니다.

따라서 그러한 국가는 노동자 계층의 눈에는 본래 의미에서의 계급 국가로 보일 것입니다. 그것이 정치적으로 바람직한지는 의심스럽습니다. 그런데 내가 더 의심스럽게 생각하는 것은 오늘날 노동자들에게 이러한 상태를 참으로 "진정한" 사회주의라고 내세우는 것이 과연 현명한가 하는 것입니다. 그것은 확실히 매혹될 정도로 자명해보이지만 말입니다. 왜냐하면, 노동자들은 곧 다음과 같은 경험을 할 것이기 때문입니다. 즉, 광산에서 일하는 노동자의 운명은 그 광산이 개인의 것이든 국가의 것이든 전혀 변하지 않습니다. 자르Saar[4]탄갱에서는 노동자의 생애가 사영 광산일 때와 완전히 똑같습니다. 즉, 광산이 잘 운영되지 않아 수익이 나빠지면, 노동자들의 사정도 나빠집니다. 그러나 차이점은 국가에 대해서는 파업이 불가능하다는 것입니다. 그러니까 이런 종류의 국가 사회주의에서는 노동자의 예속성이 아주 본질적으로 증대된다는 것입니다. 이것이 사회 민주주의가 이러한 경제의 "국영화"에 대해서, 일반적으로 이러한 형태의 사회주의에 대해서 거부하는 입장을 취하는 이유 중의 하나입니다. 그것은 카르텔 공동체입니다. 이윤이 여전히 결정적인 것입니다. 그런데 카르텔로 결합시켰기 때문에 그 한 사람 한 사람이 이젠 국고가 된 개개의 기업가들이 무슨 이익을 얻는가라는 문제는 경제의 운영 방향을 결정함에 있어 여전히 중요합니다. 그리고 고통스러운 것은 다음과 같은 사실일 것입니다. 즉, 현재는 국가 정책의 관료층과 (카르텔, 은행, 대기업의) 사경제 관료층이 별개의 단체로 나란히 있어 정치권력을 통해 경제

---

4 독일 남서부에 위치한 자를란트 주.

권력을 어떻게든 제어할 수 있지만, 그 경우에는 두 관료층이 연대적 이익을 지닌 단 하나의 단체가 되어 결코 더 이상 통제할 수 없을 것입니다. 그러나 어쨌든 생산의 안내자인 이윤은 없어지지 않을 것입니다. 그렇지만 이젠 국가 자체가 오늘날 기업가에게 향해져 있는 노동자들의 증오도 함께 감수해야 할 것입니다.

마지막에 언급한 점에서는, 가령, 소비자 조직만이 그것과 원칙적으로 대립할 수 있을 것입니다. 그것은 다음과 같이 묻기 때문입니다. 이 국가 경제 영역에서는 어떤 **욕망**이 충족되어야 하는가? 엄청난 수의 소비 조합이 특히 벨기에에서는 자신들의 공장을 세우는 방향으로 이행하였다는 것을 여러분은 잘 아실 것입니다. 그것을 일반화해서 국가 조직에 위임된 것으로 생각한다면, 그것은 완전히 근본적으로 다른 종류의 것, 즉 소비자 사회주의가 될 것입니다. 이것에 대해서는, 어디에서 관리자들을 얻어야 하는지 오늘날 아직 전혀 모르고 있습니다. 또 그것을 언제가 불러 낼 수 있는 이해관계자들이 어디에 있는지도 전혀 알려져 있지 않습니다. 왜냐하면, 소비자들 자신은 모든 경험에 의하면 조직 능력이 매우 한정되어 있기 때문입니다.

일정한 영리 관심을 가진 사람들은 매우 쉽게 결합될 수 있습니다. 이 결합을 통해 이익을 얻거나 수익성이 보장된다는 것을 그들에게 보여준다면 말입니다. "국영화"가 보여주는 바와 같은 그러한 기업가 사회주의를 만들 수 있는 가능성은 그것에 기인합니다. 이에 반해 물건을 사거나 생계를 꾸려 나가려고 하는 것 외에 공통점이 더 이상 없는 사람들을 결합시키는 것은 대단히 어렵습니다. 왜냐하면, 구입자의 상황 전체가 사회화의 장애가 되기 때문입니다. 현재 적어도 독일이 식량 부족 상태에 있음에도 불구하고, 주민 다수의 주부들은 모든 사람이 잘 요리되었으며 맛도 좋다고 하는 전시 요리식戰時料理食을 자신들의 아마추어적인 개인 요리 대신 받아들이지 않았거나 받아들여도 마지못해 하는 것이었습니다. 전시 요리식이 훨씬 더 돈이 적게 들어도 그랬습니다.

서론은 이 정도로 하고, 마지막으로 오늘날 존재하는 사회주의 대중 정당, 따라서 사회 민주당과 정강 면에서 밀접한 관계가 있는 사회주의의 특성에 대해 말하겠습니다. 이 사회주의의 기초가 되는 문서는 1847년의《공산당 선언》인데, 이것은 1848년 1월 칼 마르크스와 프리드리히 엥겔스에 의해 출간되어 유포되었습니다. 우리가 이 문서의 결정적인 명제들을 거부한다 해도 (적어도 **나는** 그렇게 합니다만), 그것은 그 나름대로 제1급의 학문적인 업적입니다. 이러한 사실은 부정할 수 없고, 또 부정해서도 안 됩니다. 왜냐하면, 누구도 부정하는 사람의 말을 믿지 않기 때문입니다. 또 양심의 가책 없이는 그러한 사실을 부정할 수 없기 때문입니다. 우리가 오늘날 거부하는 명제들에도 사상적 깊이와 독창성이 있는 오류가 있습니다. 이 오류는 정치적으로는 매우 상당하지만 아마도 항상 기분이 좋지는 않은 결과를 지녔습니다. 그렇지만 그 오류는 학문에서는 매우 유용한 결과를 가져왔습니다. 종종 이 결과는 진부한 정확성보다 더 유용합니다.《공산당 선언》에 대해서는 이제 처음부터 한 가지 말할 것이 있습니다. 그것은 반드시 실행이라는 점에서는 아니더라도 적어도 의도라는 점에서는 도덕 설교를 억제하고 있다는 점입니다.《공산당 선언》의 기초자에게는 적어도 그들의 主觀에서 보면, 세계의 악이나 비열함을 꾸짖을 생각이 전혀 없었습니다. 실제로 그들은 매우 정열적이었고, 또 그러한 생각을 언제나 억누르지 못한 사람들이었지만 말입니다.

　그들은 또한 세상이 이러저러하게 구성되어 있으니 다르게 되어야 하며, 게다가 이러저러하게 구성되어야 한다고 말하는 것이 자신들이 임무라고 생각하지도 않습니다. 오히려《공산당 선언》은 예언 문서입니다. 그것은 사회의 사경제 조직, 흔히 말하는 자본주의 조직의 몰락을 **예언**할 뿐만 아니라 곧 이 사회가―과도 단계로서―프롤레타리아의 독재로 대체된다고도 예언합니다. 그런데 이 과도 상태의 배후에는, 인간에 대한 인간의 **모든** 지배를 끝내지 않고서는 프롤레타리아는 스스로 노예 상태에서 해방**될 수** 없다는 본래의 마지막 희망이 숨어 있습니다. 이것이 실제로 예언한 것, 즉 선언의 핵심 명제입니다. 이 명제가 없었다면, 프롤레타리아, 즉 노동자 대중이 지도자를 통해 우선 정치 권력을 장악한다는 등의 말은 결코 쓰이지 않았을 것입니다. 그렇지만 그것은 소위 "개인들의 연합체"로 이행하게 될 과도 상태입니다. 따라서 이 개인들의 연합체가 최종 상태입니다.

　이 연합체가 어떤 모습인지에 대해《공산당 선언》은 침묵하고 있으며, 모든 사회주의 정당의 모든 강령도 침묵하고 있습니다. 그것은 아무도 모른다고 우리는 생각합니다. 단지 다음과 같이 말할 수 있을 뿐입니다. 현재의 이 사회는 몰락할 운명에 있으며, 자연 법칙에 의해 몰락할 것이고, 곧 프롤레타리아의 독재에 의해서 해체될 것이다. 그러나 그 다음에 오는 것에 관해서는 인간에 대한 인간의 지배가 없다는 것 외에는 아무 것도 미리 말할 수 없습니다.

　그런데 자연 법칙처럼 불가피한 현대 사회의 몰락에 대해서 어떤 이유를 내세우고 있습니까? 왜냐하면, 그것은 엄밀하게 말해서 자연법칙처럼 이루어지기 때문입니다. 이것이 이 비장한 예언의 두 번째 핵심 명제입니다. 이 명제 때문에 대중은 환호하며 그 예언을 믿었습니다. 언젠가는 지구라는 혹성이 태양 속으로 추락하듯이 이 자본주의 사회도 마찬가지로 몰락하게 되어 있다는 비유를 엥겔스는 일찍이 사용하였습니다. 그것에 대해서 어떤 근거를 대고 있습니까?

첫 번째 점은 이러합니다. 즉 부르주아와 같은 사회 계급, ─이것은 우선 항상 기업가들 그리고 이들과 직접적으로든 간접적으로든 이해관계를 같이 하는 모든 사람을 뜻합니다─그러한 지배 계급은 피지배 계급에게 적어도 생존은 보장해줄 수 있는 경우에만 자신들의 지배를 유지할 수 있다는 것입니다. 노예 제도의 경우가 그러했으며, 부역 농장 제도 등의 경우도 그러했다고 저자들은 생각합니다. 사람들이 적어도 생존만은 확보했기 때문에, 지배가 유지될 수 있었습니다. 그러나 근대 부르주아는 그렇게 할 수 없습니다. 더욱이 그들이 그렇게 할 수 없는 이유는 기업가들 간의 경쟁이 그들로 하여금 상품을 더욱더 싼 가격으로 제공하도록 하고, 또 계속 새로운 기계를 만들어 내서 노동자들을 일자리도 없이 길거리로 쫓아내기 때문입니다. 기업가들은 광범위한 계층의 실업자들─소위 "산업 예비군들"─을 자기들 마음대로 이용할 수 있게 됩니다. 그들은 적당한 노동자들을 언제라도 자신들의 기업에 필요한 수만큼 뽑을 수 있습니다. 그리고 바로 이 계층이 기계 자동화의 증대를 재촉합니다. 그 결과─《공산당 선언》은 심지어 다음과 같이 믿고 있습니다.─만성적인 실업자들 즉 "빈민"이라는 끊임없이 늘어나는 계급이 나타나 최저 생계비를 저하시키며, 따라서 이러한 사회 질서에 의해 프롤레타리아층은 생존도 결코 보장받지 못하게 됩니다. 그런데 이렇게 되면, 사회는 불안정하게 됩니다. 다시 말하면, 사회는 언젠가 혁명의 길로 나아가면서 붕괴된다는 것입니다.

이러한 형태의 소위 궁핍화 이론은 오늘날 사회 민주당의 모든 계층이 올바르지 않은 것으로 여겼기 때문에, 그것은 분명하게 또 가차 없이 포기되었습니다. 《공산당 선언》의 출판 기념일에 그 편집자인 칼 카우츠키[5]는 발전이 이러한 길로 가지 않고 다른 길로 가고 있다고 분명하게 인정했습니다. 그 명제는 달리 해석되어 다른 형태로 유지되고 있습니다. 덧붙여서 말하면, 이것도 역시 의문의 여지가 없지 않지만, 여하튼 이전의 비장한 성격을 벗어버렸습니다. 그러나 어찌 되었든 간에, 혁명이 **성공할** 가능성은 어디에서 기인할까요? 계속 실패로 끝난다고 판단할 수는 없습니까?

이렇게 해서 우리는 두 번째 논거로 갑니다. 즉, 기업가들 서로 간의 경쟁은 자본과 상인 재능에 의해, 그러나 무엇보다도 자본에 의해 더 강한 자의 승리를 의미한다는 것입니다. 이것은 기업가들의 수가 점점 더 적어진다는 것을 의미합니다. 약한 기업가들은 제거되기 때문입니다. 이 기업가들의 수가 적어지면 적어질수록, 프롤레타리아의 수는 상대적으로나 절대적으로나 더 많아지게 됩니다. 그런데 언젠가 이 기업가들의 수가 줄어들어 그 결과 그들이 지배를 유지할 수 없게 되면, 그때에는 이 "착취자들"이 어쩌면 아주 평온하게 또 지극히 정

---

5 칼 카우츠키Karl Kautsky(1854~1938): 독일의 사회 민주당 당원으로 마르크스주의 이론가.

중하게—감히 말하자면, 종신 연금을 받으며—수용될지도 모릅니다. 왜냐하면, 그들은 사면초가의 곤경에 있게 되고 자신들의 숫자가 매우 적어지면 지배를 유지할 수 없다는 것을 알 것이기 때문입니다.

이 명제는 수정된 형태로이긴 하지만 오늘날에도 견지되고 있습니다. 그렇지만 그 명제가 적어도 오늘날에는 어떤 형태로든 **일반적으로는** 옳지 않다는 것이 입증되었습니다. 첫째, 그것은 농업에 대해서는 옳지 않습니다. 농업에서는 반대로 농민층의 수가 현저하게 증대한 경우가 매우 많습니다. 더욱이 그 명제가 광범위한 상공업 부문에서는 틀린 것이 아니지만 결과적으로는 예상과 다르다는 것이 증명되었습니다. 이 상공업 부문에서 드러난 것은 기업가의 수가 점점 적어진다는 사실만으로는 사태의 진행을 모두 설명하지 못한다는 것입니다. 약소 자본가들의 배제는 금융 자본, 카르텔 조직이나 트러스트 조직에의 굴복이라는 형태로 이루어지고 있습니다. 그러나 매우 뒤얽힌 이 과정의 부수 현상은 우선 "관리직 사원들", 따라서 사경제 **관료들**의 급속한 증대입니다. 이들은 통계적으로는 노동자보다 몇 배나 빠르게 늘어나고 있습니다. 이들의 이해 관심은 결코 분명히 프롤레타리아 독재 방향에 있지 않습니다. 그렇다고 한다면 매우 복잡한 성질의 지극히 다양한 이해관계가 만들어지기 때문에, 현재로서는 결코 다음과 같이 주장할 수 없습니다. 즉, 부르주아 질서에 직접 간접으로 이해관계가 있는 사람들의 수와 세력이 감소하고 있다고 말입니다. 어쨌든 우선은, 장래에 겨우 몇 명의 또는 수백 명 내지 수천 명의 자본 재벌들이 고립되어 수백만 명 내지 수천만 명의 프롤레타리아와 대치할 것이고 단호하게 확신될 수 있는 사태는 없습니다.

마지막으로 세 번째 점은 공황의 영향에 대한 예상이었습니다. 기업가들은 서로 경쟁하기 때문에, 과잉 생산의 시기가 항상 또 다시 나타나며, 이 시기가 지나면 불가피하게 파산, 도산 및 "불황"이 온다는 것입니다(고전적인 사회주의 문서들에는 이에 대해서 중요하지만 복잡한 분석이 나오는데, 여기에서는 그것을 여러분에게 설명해줄 수 없습니다). 이러한 시기들은 일정한 주기를 두고 규칙적으로 계속 일어납니다(이것은 마르크스가《공산당 선언》에서는 암시만 했는데, 나중에 상세한 이론으로 확대되었습니다). 거의 100년 동안 그러한 공황의 대략적인 주기성이 사실상 존재했습니다. 그것이 어디에서 오는가에 대해서는 우리 분야의 일류 학자들조차도 아직 완전히 의견이 일치하지 않습니다. 따라서 지금 여기에서는 그것을 말하지 않겠습니다.

그런데 고전 사회주의는 이 공황에 희망을 걸었습니다. 특히 이 공황이 자연법칙적으로 강도를 더해가며 파괴적인 폭력을 증가시켜 불안한 혁명 분위기를 발생시키고, 그리하여 이 공황이 쌓이고 늘어나 프롤레타리아가 아닌 사람들 내에서조차 이 경제 질서를 유지하려는 시도가 더 이상 행해지지 않는 분위기가 언젠가는 만들어질 것이라는 점에 고전 사회주의는 희망을 걸었습니다.

전반적으로 볼 때 이러한 희망은 오늘날 포기되었습니다. 왜냐하면, 공황의 위험이 완전히 사라지지는 않았지만, 기업가들이 무분별한 경쟁에서 카르텔 결성으로 나아간 다음에는, 말하자면, 그들이 가격이나 판매의 조절을 통해 경쟁을 상당히 배제하는 방향으로 넘어간 다음에는 그 공황의 상대적인 의의가 감소했기 때문입니다. 게다가, 예를 들어, 독일 제국 은행과 같은 대은행들이 여신 업무의 규제를 통해 과잉 투기 시기도 이전보다 본질적으로 더 약하게 나타나도록 하는 방향으로 나아간 다음에는 더욱 그렇습니다. 그러므로《공산당 선언》및 그 후계자들의 이 세 번째 희망도 "증명되지 않았다"고는 말할 수 없지만, 그 전제는 상당히 미루어졌습니다.

따라서《공산당 선언》에서 부르주아 사회의 붕괴에 건 매우 비장한 희망은 아주 냉정한 기대로 대체되었습니다. 경제 생산이 점차 "사회화되기" 때문에 사회주의가 완전히 저절로 진화의 길을 간다고 하는 이론이 맨 먼저 그것에 속합니다. 그것은 이러한 의미를 갖고 있다고 생각됩니다. 즉 개개의 기업가라는 인물 대신에 관리자를 고용한 주식회사가 등장한다는 것, 다시 말하면, 더 이상 이전처럼 개별 기업가나 일반적으로 사적인 기업가의 위험 부담 및 이윤에 기대지 않는 국영 기업, 자치 단체 기업, 목적 단체에 의한 기업이 세워진다는 것입니다. 주식 회사 뒤에는 흔히 한 명 또는 여러 명의 대금융 자본가가 숨어 있으며, 이들이 주주 총회를 지배한다는 것은 반드시 부언되지 않으면 안 되지만, 그것은 틀림없는 사실입니다.

주주라면 누구나 알고 있지만, 주주는 주주 총회 직전에 은행으로부터 편지를 받습니다. 그 편지는 만일 주주가 직접 참석하지 않고 기권하겠다면 그 주식의 투표권을 은행에 넘겨 달라고 부탁하고 있습니다. 투표는 그에게 수백 만 크로네의 자본에 비하면 전혀 의미가 없습니다. 그런데 무엇보다도 이런 종류의 사회화는 한편으로는 **관료 계급**, 즉 상업적으로든 기술적으로든 전문적으로 예비 교육을 받은 직원들의 증대를 뜻하며, 다른 한편으로는 **연금 생활자들**, 말하자면, 이익 배당이나 이자를 받지만 기업가처럼 정신 노동은 하지 않고 그들의 소득 관심으로 인해 자본주의 질서에 관여하는 계층의 증대를 뜻합니다. 공기업이나 목적 단체에 의한 기업에서 우위를 차지하는 것은 노동자가 아니라 바로 또 아주 전적으로 **관료**입니다. 여기에서는 노동자는 사적인 기업가에 대항할 때보다도 파업하기가 훨씬 더 어렵습니다. 노동자의 독재가 아니라 관료의 독재가―여하튼 우선은―진행되고 있습니다.

두 번째 것은 다음과 같은 희망입니다. 즉, 기계는 구식의 전문가층 (숙련된 수공업자들이나 옛날 영국 노동 조합 및 직업별 조합을 채웠던 고도로 숙련된 노동자들)을 비숙련 노동자로 대체해 아무나 모든 기계에서 일할 수 있게 하지만, 이로 인해 여러 직업으로의 오랜 분열이 중지되고 노동자 계급의 통일성이 초래되어 이 통일성 의식이 매우 강력해지면 유산 계급과의 투쟁에 기여할 것이라는 희망입니다. 이에 대한 대답은 완전히 일치하지는 않습니다. 기계가 바로 그 높은 임금을 받는 숙련 노동자들을 매우 상당히 대체하려고 하는 것은 사실입니다. 왜냐하면, 말할 것도 없이 모든 산업은 기계를 도입해 구하기가 아주 어려운 노동자들을 대신하려고 하기 때문입니다. 오늘날의 산업 내부에서 가장 많이 늘어나는 계층은 소위 "수습" 노동자들입니다. 말하자면, 이들은 옛날 방식으로 특별한 양성 과정을 거쳐 훈련된 숙련 노동자들이 아니라, 바로 기계에 배치되어 그곳에서 배워서 익힌 그런 노동자들입니다. 그렇지만 그들도 종종 상당한 정도로는 전문가입니다. 예를 들면, 수습 직물공이 최고의 숙련도에 도달해 기업가를 위해 기계를 최고도로 이용하고 최고 임금을 받게 될 때까지는 어쨌든 2~3년이 걸립니다. 물론 다른 범주의 노동자들 경우에는 전형적이며 통상적인 수습 기간이 여기서 말한 노동자의 경우보다 훨씬 더 적습니다.

여하튼 이 수습 노동자들의 증가는 직업 전문화의 현저한 쇠퇴를 뜻합니다. 그렇지만 그것은 직업 전문화의 제거를 뜻하지는 않습니다. 그리고 다른 한편에서 근무 조장이나 작업 반장에 이르기까지 생산 내부에서 노동자들 위에 있는 모든 계층에게는 직업 전문화와 전문 교육의 필요성이 높아지는 동시에, 이 계층에 속하는 사람들의 상대적인 수도 늘어나고 있습니다. 그들 역시 "임금 노예"라는 것은 틀림없습니다. 그러나 그들 대부분은 일한 분량에 따라 지급되는 임금이나 주급을 받지 않고 고정급을 받습니다. 그리고 무엇보다도 노동자는 당연히 자신을 항상 호되게 다루는 작업 반장을 공장 주인보다 훨씬 더 미워합니다. 또 노동자는 공장 주인을 주주보다 더 많이 미워합니다. 주주는 실제로 불로 소득을 얻는 자인데도 말입니다. 그렇지만 공장 주인은 매우 심한 정신 노동을 해야 하고, 작업 반장은 그래도 노동자와 훨씬 더 가까운 관계에 있습니다. 이것은 군대에서도 일어나는 일입니다. 일반적으로 가장 강한 반감을 받는 사람은, 적어도 그럴 가능성이 있는 사람은 하사관입니다. 내가 관찰할 수 있는 한에서는 그렇습니다. 여하튼 전체 계층의 발전은 명백하게 프롤레타리아가 되는 것과는 상당히 거리가 있습니다.

그리고 마지막으로 표준화의 증대, 즉 생산의 획일화가 논의되고 있습니다. 어디에서나 모든 것은—특히 전쟁이 이것을 대단히 촉진시키고 있는데—제품의 획일성과 교체 가능성을 점점 더 높이면서 업무의 규격화를 향해 계속 달려가는 것 같습니다. 과거의 부르주아 기업기층이 오랫동인 지녔던 자유로운 개척자 정신도 최상위층의 기업가들에게서만 지배적일 뿐이며(사람들은 그렇게 말합니다), 여기에서도 그 정신은 계속 줄고 있습니다. 그 결과 경영하는데 없으면 안 된다고 부르주아 사회가 주장하는 기업가로서의 특별한 자격이 없어도, 이 생산을 이끌 수 있는 가능성이 부단히 증가하고 있습니다. 이것은 특히 카르텔과 트러스트에 해당됩니다. 그것들은 개인 기업가들의 자리에 매우 많은 관리직 사원들을 앉혔기 때문입니다. 이것은 또한 완전히 옳습니다. 그러나 여기에도 단지 똑같은 조건이 붙을 뿐입니다. 즉, 이 표준화에 의해서도 어느 한 계층의 의의, 이미 종종 언급한 관료 계급의 의의는 증진된다는 것입니다.

이 관료 계급은 아주 일정한 방식으로 **교육**받아야 하며, 따라서 — 보충적으로 덧붙이면 — 아주 일정한 신분상의 성격을 지니고 있습니다. 도처에서 상과 대학, 실업 학교, 기술 전문 학교가 우후죽순처럼 생겨나는 것도 결코 우연이 아닙니다. 이 경우 적어도 독일에서는 이들 학교에서 동아리에 가입해 얼굴에 상처를 내며 결투 신청에 응할 자격을 갖게 되고, 또 그렇게 해서 예비역 장교가 될 자격을 얻어 나중에 회사 사무실에서 상사의 딸에게 구혼할 수 있는 우선적인 기회를 갖고 싶은 바람, 말하자면, 소위 "상류 사회" 계층에 동화되고 싶은 바람이 함께 작용하고 있습니다. 이 계층에게는 프롤레타리아와 연대할 마음이 전혀 없습니다. 그렇기는커녕 그들은 오히려 프롤레타리아와 더욱 더 결별하려고 합니다. 강도는 다르지만, 많은 하급 직원들의 경우도 분명히 이와 비슷합니다. 모든 사람은 자기 자신을 위해서든 자신들의 자녀를 위해서든 적어도 비슷한 **신분상의** 자격을 추구합니다. 프롤레타리아화로의 **분명한** 경향은 오늘날 확인할 수 없습니다.

그것은 그렇다고 치고, 어쨌든 이러한 논의로도 이미 다음과 같은 사실이 명확합니다. 즉《공산당 선언》에 매혹적인 힘을 준 혁명적인 대파국에의 오랜 희망이 진화주의 해석에 굴복하였다는 것입니다. 진화주의 해석이란, 말하자면, 다수의 기업가들이 서로 경쟁하는 구식 경제가—국가 관료들에 의해 규제되든 아니면 관료들이 참여한 카르텔에 의해 규제되든 간에—규제 경제로 점차 성장한다는 것입니다. 더 이상 경쟁과 공황에 의해 개인 기업가들이 줄어드는 것이 아니라 바로 이러한 것이 이제는 사회주의 본래의 지배 없는 사회의 전 단계로 보입니다. 이 느린 변화에서 미래의 사회주의 사회로의 발전을 기대한 이 진화주의 분위기가 전쟁 전에 노동 조합들의 의견에서는 또한 사회주의자들 중의 많은 지식인들에게서도 예전의 대파국설을 사실상 대신하고 있었습니다. 여기에서 잘 알려진 결론이 나왔습니다. 소위 "수정주의"가 생겨났습니다. 옛날 기독교인들에게 오늘밤이라도 구원이 올 수 있다고 말한 그런 복음은 갑자기 나타나는 행복한 미래에의 믿음을 대중에게 주었는데, 이런 믿음을 그들에게서 빼앗는 것이 얼마나 심각한 것이었는지는 수정주의 지도자들도 적어도 부분적으로는 의식하였습니다.《공산당 선언》이나 나중에 대파국이 온다는 이론과 같은 신조는 내던질 수 있지만, 그럴 경우 그것을 다른 것으로 대체하기는 상당히 힘듭니다. 그렇지만 사태의 발전은 이러한 분석을 넘어, 오랜 정통성을 지닌 정통적인 믿음에 대한 양심의 가책에서 생겨난 논쟁으로 벌써 넘어갔습니다.

이 논쟁은 다음과 같은 문제와 연결되어 있었습니다. 즉, 정당으로서의 사회 민주주의는—부르주아 정당들과 제휴해 각료 자리를 받아들임으로써 정치적으로 책임 있는 지도에 참여하고, 또 그렇게 해서 노동자들의 현재 생활 상태를 개선하려고 노력한다는 의미에서의—"실용 정치"를 해야 하는지 또 한다면 어느 정도로 해야 하는지라는 문제, 아니면 그렇게 하는 것은—대파국을 확신하는 정치가가 당연하다고 간주할 수밖에 없는 것처럼—"계급에 대한 배반"이며 정치적 이단이라는 문제와 연결되어 있었습니다. 그러나 그럭저럭 하는 사이에 다른 원리적인 문제들이 나타났으며, 지도자들은 이 문제들에서 서로 갈라졌습니다. 점진적인 진화의 도상에서, 말하자면, 전반적인 카르텔화, 표준화, 관료화의 도상에서, 오늘날처럼 경영하는 사경제나 생산 수단의 사유 대신에 기업가를 완전히 배제하는 규제가 언젠가 기술적으로 가능해져 경제가 그런 식으로 조직된다고 가정해 봅시다. 그럴 경우 이 새로운 경제를 떠맡아 지휘하는 사람은 도대체 누구입니까? 이 점에 대해《공산당 선언》은 거의 침묵했거나 아니면 오히려 매우 애매하게 표현했습니다.

《공산당 선언》이 말하는 그 "연합체"라는 것은 어떤 모습을 하고 있을까요? 일단 권력을 탈취해 자기 마음대로 지배할 가능성이 실제로 올 경우, 특히 사회주의는 그런 조직의 기초에 무엇을 제시할 수 있습니까? 독일 제국에서 또 어디에서나 사회주의는 두 부류의 조직을 갖고 있습니다. 하나는 사회 민주주의 정당인데, 여기에는 국회의원, 임용된 편집자, 당관리, 대의원, 지방과 중앙의 여러 단체가 있습니다. 그리고 이들 단체에 의해 그들이 선출되거나 임용되는 것입니다. 또 하나는 노동 조합입니다. 이 두 조직은 모두 혁명적인 성격**뿐만**

아니라 진화론적인 성격도 지닐 수 있습니다. 그리고 그 조직들이 어떤 성격을 갖고 있는가, 또 미래에 대해 어떻게 생각하고 무엇을 바라는가에 따라서 지도자들이 갈라지고 있습니다.

혁명적인 희망에서 출발하면, 그곳에는 두 개의 견해가 대립하고 있습니다. 첫 번째 것은《공산당 선언》의 오랜 전통에 서 있는 정상적인 마르크스주의의 견해였습니다. 그것은 프롤레타리아의 **정치** 독재에 모든 희망을 걸었으며, 대체로 불가피하게 **선거**전에 맞춰 편성된 **정당** 조직을 그 담당자로 간주하지 않으면 안 된다고 믿었습니다. 당이나 또는 그것에 의지하는 정치 독재자는 정치 권력을 탈취해야 하며, 그래야 새로운 사회 조직이 생겨난다는 것입니다.

이 혁명적인 입장에 대항한 반대자는 첫째로 노동 조합이었습니다. 이들은 바로 다름 아닌 옛날 영국적인 의미에서의 노동 조합이었기 때문입니다. 말하자면, 이들은 이 미래의 계획에는 거의 관심이 없었습니다. 그 계획은 먼 미래에 있는 것처럼 보였기 때문입니다. 그들은 오히려 무엇보다도 자신들과 자기 자녀들에게 생존을 가능하게 해주는 그런 노동 조건, 즉 높은 임금, 짧은 노동 시간, 노동자 보호 등등과 같은 것을 쟁취하고 싶어했습니다. 그 급진적인 정치적 마르크스주의는 한편으로는 이러한 노동 조합주의를 반대했습니다. 다른 한편으로는 전적으로 의회주의 형태를 취하는 사회주의의 타협 정책에 대해서, 즉 프랑스에서 알렉상드르 밀랑[6]이 각료가 된 이후 "밀랑

---

6 Alexandre Millerand(1859~1943): 프랑스 사회주의자에서 변절해 처음으로 (1899년) 부르주아 정부에 들어간 사회주의자로 악명을 얻었다.

주의Millerandismus"라고 불린 것에 대해서 반대했습니다. 그것은 지도자가 혁명보다는 각료 자리에 관심을 갖게 하고 하위 지도자는 관직을 얻는데 관심을 갖게 하면 혁명 정신이 죽게 된다는 정책입니다.

그런데 두 번째 입장은 최근 10년간 오랜 의미에서의 "급진적"이고 "정통적인" 입장에 옆으로 밀려났습니다. 사람들은 이 입장을 흔히 "신디칼리즘Syndikalismus"이라고 부릅니다. 신디칼리즘은 신디카트Syndikat, 즉 노동 조합에 대한 불어식 표현에서 나온 것입니다. 이전의 급진주의가 정당 조직 목적에 대한 혁명적인 해석을 원하는 것처럼, 신디칼리즘은 노동 조합에 대한 혁명적인 해석을 원합니다. 신디칼리즘의 출발점은 다음과 같습니다. 즉, 위대한 순간이 도래할 때 소위 "직접 행동action directe"을 통해 경제에 대한 권력을 장악하는 것은 정치 독재도 아니고 정치 지도자들도 아닙니다. 또 이 정치 지도자들에 의해 임용된 관료들도 아닙니다. 경제에 대한 권력을 장악하는 것은 바로 노동 조합과 그 동맹이어야 한다는 것입니다. 신디칼리즘은 운동의 계급 성격에 대한 좀 더 엄격한 해석으로 되돌아갑니다. 노동자 **계급**이 정말로 최종적인 해방의 담당자가 되어야 한다는 것입니다. 그러나 수도에서 여기저기 돌아다니며, 이런저런 내각은 어떤지 또 이런저런 의회 국면에서는 어떤 기회가 있는지에 대해서만 묻는 정치인은 모두 정치적 이해관계자이지 계급 동지가 아닙니다. 그들이 선거구에 기울이는 관심 뒤에는 언제나 표를 많이 얻어 당선되고 싶은 편집자들과 민간 관리들의 이해 관심이 있습니다. 근대의 의회주의 선거 제도와 연결된 이 모든 이해 관심을 신디칼리즘은 거부하고 있습니다. 노동 조합으로 조직된 진정한 노동자 계층만이 새로운 사회를 창조할 수 있다는 것입니다. 새로운 경제 사회를 위해 살지 않고 정치를 위해서—다시 말하면, 사실은 정치에 의해서—사는 직업 정치인들은 꺼져버리라는 것입니다.

신디칼리스트들의 정형적인 수단은 총파업과 테러입니다. 그들은 총파업에 대해서 다음과 같이 희망하고 있습니다. 즉 생산 전체를 갑자기 마비시킴으로써, 관계자들 특히 기업가 자신들이 공장을 관리하는 것을 포기하고, 그것을 노동 조합에 의해 조직된 위원회의 수중에 넘기는 것을 그들은 희망하고 있습니다. 테러는 그들이 공개적으로 알리기도 하고, 은밀하게 알리기도 하고, 또 거부하기도 합니다. 이 점에서는 의견이 갈라지고 있습니다. 어쨌든 이 조직은 일련의 유력한 지배층에 테러를 가해 이들을 정치적으로도 마비시키려고 합니다.

말할 것도 없이 이 신디칼리즘은 실제로 모든 종류의 군대 조직을 아주 가차 없는 적으로 삼는 그런 사회주의입니다. 모든 종류의 군대 조직은 하사관뿐만 아니라 병사에 이르기까지 적어도 현재로서는 군대 기구나 국가 기구가 기능하는 것에 생계가 달려 있는 이해관계자들을 만들어 내기 때문입니다. 말하자면, 이들은 부분적으로는 바로 총파업의 실패에 관심이 있으며, 어쨌든 총파업에 방해가 되기 때문입니다.

신디칼리즘의 적은 우선 의회에서 활동하는 모든 사회주의 정당입니다. 신디칼리스트들에게는 의회란 기껏해야 연단일 뿐입니다. 그들은 거기서 계속 의회의 면책 특권의 보호를 받으면서, 총파업이 올 것이고, 또 와야 한다고 큰소리로 외치며 대중의 혁명적인 정열을 자극합니다. 그러나 이것조차도 그들을 진정한 임무로부터 빛이나게 하는 것이기 때문에 깊이 생각해 볼 필요가 있습니다. 의회에서 정말로 진지하게 정치를 한다는 것은 무의미할 뿐만 아니라, 이 관점에서 보면 그야말로 비난받아야 할 일입니다.

물론 각종의 모든 진화주의자들도 그들의 적입니다. 단지 노동 조건만 개선하기 위해 투쟁하려는 노동 조합원도 적이 될 수 있습니다. 반대로 신디칼리스트들은 임금이 열악해질수록, 노동 시간이 길어질수록, 사정이 전반적으로 나쁠수록 총파업의 기회가 커진다고 주장할 것입니다. 또는 정당 정책의 진화주의자들도 적이 될 수 있습니다. 이들은 다음과 같이 말하기 때문입니다. 국가는 오늘날 민주화의 증대를 통해—신디칼리스트들은 이것을 극도로 혐오합니다. 그들은 전제 정치를 더 좋아합니다—사회주의로까지 성장합니다. 이것은 신디칼리스트들에게는 물론 적어도 뻔뻔스러운 자기기만입니다.

그런데 중요한 문제는 다음과 같은 것입니다. 신디칼리스트들은 생산 관리를 떠맡을 힘을 어디에서 얻을 수 있다고 기대합니까? 왜냐하면, 수년 동안 일해 **노동** 조건을 아주 정확하게 아는 제아무리 숙련된 노동 조합원이라 하더라도, 그가 공장의 **경영** 자체를 알 것이라고 믿는 것은 당연히 중대한 오류일 것이기 때문입니다. 그 이유는 근대의 모든 공장 경영이 계산, 상품 지식, 수요 상황에 대한 지식, 기술 훈련에 완전히 의존하고 있기 때문입니다. 이런 것들은 모두 점점 더 전문적으로 행해지는 경향이 있지만, 실제 노동자인 노동 조합원은 이런 것들을 배울 기회가 전혀 없습니다. 따라서 원하든 원하지 않든 간에, 그들 자신도 노동자가 **아닌** 사람, 즉 지식인층 출신의 이데올로그들Ideologen에게 의지하게 됩니다. 그리고 실제로 다음과 같은 사실이

144

눈에 띕니다. 즉 구원은 정치인들이나 어떤 국외자들로부터 오는 것이 아니라 노동 조합 동맹에서 함께 일하는 실제 노동자들로부터만 올 수 있다는 슬로건과는 달리, 전쟁 전에 프랑스와 이탈리아에서 주력 집단을 지닌 신디칼리즘 운동의 바로 내부에는 다수의 대학 출신 지식인들이 있습니다.

그들은 그 속에서 무엇을 구하고 있습니까? 이 지식인들을 매혹하는 것은 총파업의 **낭만적 경향**Romantik과 혁명적인 희망 자체의 **낭만적 경향**입니다. 그들을 주의 깊게 살펴보면, 그들이 낭만주의자[공상가]Romantiker라는 것을 알 수 있습니다. 그들은 일상 생활과 그 요구를 정신적으로 감당하지 못하거나 혐오하며, 따라서 위대한 혁명의 기적과 언젠가는 권력을 맛볼 기회를 갈망하고 있습니다. 물론 그들 중에는 조직 관리에 재능이 있는 사람들도 있습니다. 문제는 단지 노동자 계층이 과연 그들의 독재에 굴복할 것인가라는 것입니다. 물론 전쟁이 일어나서 그것이 믿기 어려울 정도의 변화를 수반할 경우, 노동자 계층은 그때 체험하는 운명의 힘에 의해, 특히 배고픔의 영향하에서는 노동자 대중도 신디칼리즘 사상에 마음을 빼앗길 수 있습니다. 그리고 국가의 정치적 및 군사적 붕괴가 그 가능성을 제공하면, 그들은 무기를 들고서 그런 지식인들의 지도하에 권력을 장악할 수도 있을 것입니다. 그러나 나는 평상시의 생산 관리 능력이 노동 조합원들 자신에게도 신디칼리즘 지식인들에게도 있다고는 보지 않습니다.

위대한 실험이 지금 러시아에서 일어나고 있습니다. 어려운 점은 우리가 오늘날 그곳에서 생산 관리가 실제로 어떻게 이루어지는지를 알기 위해, 국경을 넘어 러시아로 들어갈 수 없다는 것입니다. 들리는 바에 따르면, 사태는 이렇게 전개되고 있다고 합니다. 즉 볼셰비키 정권은 잘 알다시피 일부분은 여기 빈과 독일에서 공부한 지식인들로 구성되어 있습니다. 그들 중 러시아인은 소수에 불과합니다. 볼셰비키 정권은 현재—사회 민주당의 정보에 따르면, 평상시 생산의 10%인데—여하튼 조업 중에 있는 공장 내부에 성과급 제도를 다시 도입하는 쪽으로 이행하였습니다. 그 이유는 그렇게 하지 않으면 작업 능률이 떨어지기 때문입니다. 그들은 기업가들을 경영의 최상층부에 두고—이들만이 전문 지식을 갖고 있기 때문입니다—이들에게 막대한 보조금을 지불하고 있습니다. 더욱이 그들은 구체제 출신의 장교들에게 다시 장교 봉급을 지불하기에 이르렀습니다. 왜냐하면, 그들은 군대가 필요하고, 또 훈련된 장교들 없이는 아무 일도 되지 않는다는 것을 알았기 때문입니다. 이 장교들이 언젠가 부하들을 다시 장악할 경우, 그들이 이 지식인들에 의한 지도를 계속 감수할지는 나로서는 의문입니다. 물론 현재로서는 그들은 감수하지 않으면 안 됩니다. 그리고 마침내 볼셰비키 정권은 빵 배급표의 박탈을 통해 관료 기구의 일부에게도 자신들을 위해 일하도록 강요했습니다. 그렇지만 결국 이런 방식으로는 국가 기구나 경제가 관리될 수 없습니다. 지금까지 실험은 별로 유망해 보이지 않습니다.

놀라운 일은 다만 이 조직이 대체로 이처럼 길게 기능하고 있다는 사실입니다. 이것이 가능한 것은 다음과 같은 이유 때문입니다. 즉 이 조직이 장군들에 의한 군사 독재가 아니라 하사관들에 의한 군사 독재이기 때문입니다. 또한 전쟁에 지쳐 전선에서 돌아온 병사들이 토지에 굶주려서 농업 공산주의에 익숙한 농민들과 제휴했기 때문이거

146

나, 아니면 무기를 지닌 병사들이 마을을 강제로 점령해 그곳에서 군세軍稅를 징수하고, 또 자신들에게 대드는 사람은 모두 사살했기 때문입니다. 이것이 "프롤레타리아의 독재"라는 지금까지 이루어진 단 하나의 아주 거대한 실험입니다. 그래서 브레스트-리토프스크Brest-Litowsk 조약[7]이 독일 측으로부터 지극히 성실하게 이루어진 것은 우리가 이 사람들과는 진정한 평화를 얻을 것이라는 희망에서였다고 솔직하게 단언할 수 있습니다. 이것은 여러 가지 이유에서 일어났습니다. 부르주아 사회의 기반에 이해관계가 있는 사람들이 그것에 찬성한 이유는 그들이 이렇게 생각했기 때문입니다. 즉, 우선 이 사람들에게 실험을 하도록 해보십시오. 틀림없이 실패할 것입니다. 그러면 그것은 경고하는 본보기가 될 것이라고 말입니다. 그렇지만 그 밖의 우리들이 찬성한 이유는 만일 이 실험이 성공해 이 기반 위에서 문화가 가능하다는 것을 보게 되면, 개종할 것이라고 말했기 때문입니다.

그것을 방해한 사람은 트로츠키[8] 씨입니다. 그는 자국 내에서 이 실험을 하는 것에 만족하려고 하지 않았습니다. 또한 만일 이 실험이 성공하면 이는 전 세계에 사회주의에 대한 유례없는 선전을 의미하는 것이라는 점에 희망을 거는 것으로도 그는 만족하려고 하지 않았습

---

7 1918년 3월 3일 소비에트 러시아의 볼셰비키 정권과 동맹국(독일 제국, 오스트리아 형가리 제국, 불가리아 왕국, 오스만 제국) 사이에 맺어진 평화 조약. 이 조약으로 러시아는 제1차 세계 대전에서 이탈하였다. 조약이 맺어진 곳이 폴란드의 브레스트-리토프스크였기 때문에 브레스트-리토프스크 조약이라고 부른다.

8 레온 트로츠키Leon Trotzky(1877-1940): 러시아의 혁명가이자 정치가로 영구 혁명론을 주장하였다.

니다. 오히려 그는 전형적으로 러시아 학자의 허영심에서 더 많은 것을 원했습니다. 그는 연설전을 통해 또 "평화"나 "자결"과 같은 말들이 오용을 통해 독일에 내란을 일으키는 것을 바랬습니다. 그렇지만 이 경우 그는 정보가 충분하지 못해, 독일군이 적어도 2/3는 농촌에서 보충되었으며 나머지의 1/6은 소시민들로 보충되어 있어, 노동자나 그밖에 그러한 혁명을 하려는 자에게 일격을 가하는 것이 진정한 즐거움이 될지도 모른다는 것을 그는 몰랐습니다. 신념을 지닌 투사와는 평화 조약을 맺을 수 없으며, 그들은 단지 두들겨 팰 수밖에 없다는 것이 최후통첩의 의미이자 무리한 브레스트 조약이 지닌 의미였습니다. 사회주의자라면 누구나 그것을 알아차려야 합니다. 나는 또한 어떤 입장에 있든 간에 그것을—적어도 내면적으로라도—알아차리지 못한 사회주의자는 알지 못합니다.

이제 오늘날의 사회주의자들과 대결할 때 **성실하게** 행동하고자 한다면—그리고 이것만이 현명합니다—그들에게는 오늘날의 사정에 따라 두 가지 질문을 제기할 수 있습니다. 그들은 진화주의에 대해 어떤 태도를 취하고 있습니까? 말하자면, 오늘날 정통으로 간주되는 마르크스주의의 근본 교의인 다음과 같은 사상, 즉 사회와 그 경제 질서가 엄격하게 자연 법칙에 따라 소위 연령 단계를 거쳐 발전하고, 그러므로 부르주아 사회가 충분히 성숙해지기 전에는 사회주의 사회가 어디에서도 결코 생겨날 수 없다는 사상—그리고 사회주의자들의 견해에 따라서도 부르주아 사회는 어디에서도 충분히 성숙해지지 않았습니다. 왜냐하면, 아직도 소농민과 소규모의 수공업자가 존재하기 때문입니다—에 대해서 그들은 어떤 태도를 취하고 있습니까? 다시 말하면, 문제의 사회주의자들은 이 진화주의 근본 교의에 대해서 어떤 태도를 취하고 있습니까? 그리고 말하는 대로라면, 다음과 같은 사실이 분명할 것입니다. 즉, 적어도 러시아 이외에서는 그들 모두가 진화주의에 입각해 있다는 사실, 말하자면, 그들 **모두**가 또한 그들 중의 가장 급진주의적인 사람들도 혁명의 단 하나의 가능한 결과로 기대하는 것은 프롤레타리아가 이끄는 사회 질서가 아니라 **부르주아가** 이끄는 사회 질서라는 사실입니다(왜냐하면, 프롤레타리아가 이끄는 사회 질서를 위한 시기가 아직 어디에서도 성숙하지 않았기 때문입니다). 그것은 이 사회 질서가 몇 가지 특징에서 그 최종 단계에 몇 걸음 더 가까이 가 있어, 앞으로 언젠가는 이 최종 단계에서―바라는 대로―미래의 사회주의 질서로 이행할 것이라고 희망하는 것에 불과합니다.

이러한 질문을 양심적으로 받아들인다면, 정직한 사회주의 지식인이라면 누구나 그렇게 대답하지 않으면 안 됩니다. 그 결과 러시아 안에도 광범위한 계층의 사회 민주주의자들, 소위 멘셰비키Menschewiki,[9] 가 있습니다. 이들은 다음과 같은 관점에 서 있습니다. 부르주아 사회의 현재 상태에 벌써부터 사회주의 질서를 위에서 접붙이려고 하는 이 볼셰비키 실험은 무의미할 뿐만 아니라 마르크스주의 교의에 대한 모독이기도 합니다. 두 파가 서로 무서울 정도로 증오하는 이유는 이처럼 교의상 서로를 이단시한 데 있습니다.

---

9 러시아 사회 민주 노동당이 분열해 형성된 분파. 1904년 율리우스 마르토프와 블라디 미르 레닌 사이에 분쟁이 일어난 뒤 레닌을 따르는 쪽이 볼셰비키가 되었고, 나머지는 멘셰비키가 되었다.

그런데 압도적인 대다수의 지도자들, 여하튼 내가 일찍이 알고 있었던 모든 지도자들은 이 진화주의 기반에 서 있습니다. 그렇다면 다음과 같은 질문이 제기되는 것은 당연히 정당합니다. 이러한 사정에서 혁명은—게다가 전쟁 중에—그들 자신의 관점에서 도대체 무엇을 성취합니까? 혁명은 내란을 불러일으킬 수 있으며, 그와 함께 어쩌면 협상의 승리를 가져올지도 모릅니다. 그렇지만 사회주의 사회를 가져올 수는 없습니다. 게다가 혁명은, 가령 붕괴한 국가 안에 농민과 소시민 이해관계자들의 지배, 말하자면, **모든** 사회주의의 가장 근본적인 적들의 지배를 초래할 수 있으며, 또 그렇게 될 것입니다. 그리고 혁명은 특히 엄청난 자본 파괴와 무질서를 가져와, 마르크스주의가 요구하는 사회 발전을 거꾸로 돌릴지도 모릅니다. 왜냐하면, 이 발전은 실로 경제를 자본으로 더욱더 채우는 것을 전제로 하기 때문입니다. 그렇지만 서유럽 농민은 농업 공산주의에서 사는 러시아 농민과는 성질이 다르다는 것을 고려해야 합니다. 러시아에서는 결정적인 것이 토지 문제이지만, 이것은 우리 나라에서는 거의 아무런 역할을 하지 못합니다. 독일 농민은 적어도 오늘날에는 개인주의자이며 상속 재산과 그 토지에 집착합니다. 그는 그것으로부터 결코 멀어지려고 하지 않습니다. 만약 자신이 위협받는다고 생각한다면, 그는 급진적인 사회주의 노동자보다는 오히려 대지주와 동맹할 것입니다.

따라서 미래의 사회주의 희망이라는 관점에서 보면, 혁명의 전망은 비록 혁명이 성공한다 하더라도 전쟁 중인 지금은 최악의 상태에 있습니다. 혁명이 기껏해야 가져다 줄 수 있는 것, 즉 **정치** 제도가 민주주의를 통해 바라는 형태에 접근하는 것은 혁명을 사회주의로부터 멀어지게 할 것입니다. 그 혁명이 지닐 수밖에 없는 **경제상의** 반동적인 결과 때문에 말입니다. 신의가 있는 사회주의자라면 이것 역시 부인해서는 안 됩니다.

두 번째, **평화 회담**과의 관계입니다. 우리 모두가 알다시피, 오늘날 급진적인 사회주의는 대중들 사이에 평화주의 성향, 즉 곧 평화 회담이 맺어졌으면 하는 바람과 연결되어 있습니다. 그러나 다음과 같은 사실은 확실합니다. 또 급진적인 따라서 진실로 혁명적인 사회 민주주의의 지도자는 질문을 받을 경우 그것을 정직하게 인정하지 않을 수 없을 것입니다. 즉, 평화 회담은 그에게는, 말하자면, **지도자**에게는 그와 관계 있는 결정적인 점이 **아니라는** 사실입니다. 만일 우리가 한편으로는 아직도 3년이나 계속되어야 하는 전쟁과 뒤이어 일어나는 혁명, 다른 한편으로는 혁명 **없는** 즉석의 평화 회담 이 둘 중에서 어느 하나를 선택한다면, 우리는 당연히 3년의 전쟁을 선택합니다라고 그는 틀림없이 말할 것입니다. 그가 거리낌 없이 솔직하다면 말입니다. 그는 열광적인 믿음과 양심에서 그렇게 잘라 말할 것입니다. 그렇지만 나라 밖 전쟁터에 있어야 하는 대다수의 군인들과 사회주의적인 사람들도 자신들에게 그런 식의 명령을 내리는 지도자들과 똑같은 견해를 갖고 있는지는 의문입니다. 그리고 그 지도자들에게 견해를 털어 놓으라고 강요해도, 그것은 말할 것도 없이 완전히 정당하며 흔히 있을 수 있는 일에 지나지 않습니다.

트로츠키가 평화 회담을 원하지 **않은** 것은 확실합니다. 많은 사람들이 인정하고 있습니다. 내가 아는 사회주의자 중에서 그것에 이의를 제기하는 사람은 오늘날 한 명도 없습니다. 그러나 모든 나라의 급진적인 지도자들도 마찬가지입니다. 선택을 강요당하면, 그들도 역시 특히 평화 회담은 원하지 않을 것입니다. 만일 전쟁이 혁명, 다시 말해, 내란에 기여한다면, 오히려 그들은 전쟁을 원할 것입니다. 그들은 혁명을 위해서 전쟁을 원할 것입니다. **비록** 이 혁명이 그들 자신의 견해로도—반복해서 말하지만—사회주의 사회는 초래할 수 없고, 기껏해야—이것이 유일한 희망입니다—장래에 언젠가는 도래할 사회주의 사회에 오늘날의 사회보다 조금 더 가까운 곳에—어느 정도 가까운지는 거의 말할 수 없지만—서 있는, 사회주의 관점에서 "더 높은 발전 형태의" 부르주아 사회를 초래한다 **해도** 그렇습니다. 물론 바로 이 희망이야말로 지금까지 제시한 이유에서 보면 지극히 의심스럽습니다.

신념이 확고한 사회주의자나 혁명가와 대결하는 것은 언제나 불편한 일입니다. 나의 경험에 따르면, 그들은 결코 설득되지 않습니다. 그 사람들에게는 단지 그들 자신의 지지자들 앞에서 한편으로는 평화 회담 문제에 대해, 다른 한편으로는 혁명이 도대체 무엇을 가져다 줄 것인가라는 문제에 대해, 말하자면, 단계적인 진화의 문제에 대해 견해를 털어놓으라고 강요할 수 있을 뿐입니다. 그런데 이 단계적인 진화는 오늘날까지 진정한 마르크스주의의 교의인데, 러시아에서만 그곳 특유의 한 종파에 의해 거부되었습니다. 왜냐하면, 이 종파는 러시아가 서유럽의 이 발전 단계들을 뛰어넘을 수 있다고 믿었기 때문입니다. 여하튼 그 사람들에게 그렇게 하도록 강요하는 것은 전적으로 정당하며 또 유일하게 효과적이거나 있을 수 있는 일입니다.

그래서 나는 사회주의 신념과 사회주의 희망을 없애버릴 수 있는 수단은 없다고 생각합니다. 모든 노동자 계층은 언제고 다시 어떤 의미에서는 사회주의자가 될 것입니다. 문제는 단지 이 사회주의가 국가 이익 관점에서 볼 때 또 현재 특히 군사 이익 관점에서 볼 때 참을수 있는 그런 사회주의가 될 것인지라는 것입니다. 지금까지는, 예를들면, 파리에서 코뮌의 지배나 현재 볼셰비키의 지배처럼 그 규율의 기초가 위협받은 경우 계엄령을 필요로 하지 않은 지배는 물론 그러한 프롤레타리아 지배 역시 없었습니다. 트로츠키 씨는 이것을 고마울 정도로 솔직하게 인정했습니다. 그러나 군대 기관의 태도를 결정하는 것은 정당이나 계급의 이해관계가 **아니라** 규율을 유지하려는 **객관적인** 관심뿐이며, 따라서 전쟁에서는 객관적으로 불가피한 일만이 일어난다는 감정을 병사들이 확실하게 가지면 가질수록, 군대의 권위는 더욱 더 확고해질 것입니다.

옮긴이의 말

이 책은 독일의 사회학자 막스 베버(1864-1920)가 쓴 《경제와 사회Wirtschaft und Gesellschaft》(J. C. B. Mohr, Tübingen, 1985, 제5판) 제2부 9장 〈지배 사회학〉의 2절 〈관료제 지배의 본질, 전제 조건 및 발전Wesen, Voraussetzungen und Entfaltung der bürokratischen Herrschaft〉을 우리말로 옮긴 것이다. 그리고 베버의 관료제 이론에 대한 보충적인 이해를 돕기 위해 그의 두 개의 글을 부록으로 실었다. 하나는 같은 책의 제1부 3장 〈지배의 유형〉의 2절 〈관료제의 행정 직원을 갖춘 합법적 지배Die legale Herrschaft mit bürokratischem Verwaltungsstab〉이고, 또 하나는 베버의 강연문 〈사회주의Der Sozialismus〉이다. 〈관료제 지배의 본질, 전제 조건 및 발전〉이 들어 있는 〈지배 사회학〉은 1910년에서 1914년 사이에, 〈관료제의 행정 직원을 갖춘 합법적 지배〉가 포함되어 있는 〈지배의 유형〉은 1918년에서 1920년 사이에 쓰인 것으로 알려져 있다. 그리고 〈사회주의〉는 베버가 1918년 6월 13일 오스트리아 빈에서 오스트리아 장교단을 대상으로 강연한 것이다.

베버는 현대 사회의 합리화 경향에 주목하면서 권력과 지배의 문제에 대해 깊이 연구하였다. 그는 지배자의 권위와 명령을 정당화하는 근거에 따라서 지배를 세 가지 유형으로 구분하였다. 합법적 지배, 전통적 지배, 카리스마적 지배. 합법적 지배는 규칙(법)이 형식상 올바른 절차를 통해서 제정되었기 때문에 정당하며, 그 규칙에 따라 지명된 지도자의 지배는 정당성을 갖는다는 믿음에 근거하고 있는데, 관료제는 이 합법적 지배의 가장 순수한 형태이다.

관료제는 합리적인 원칙에 따라 체계화된 조직이다. 관료는 위계질서 속에서 비인격적인 규칙에 따라 행동하며, 그의 업무와 권한은 엄격하게 한정되어 있다. 베버가 제시하는 이념형으로서의 관료제 개념은 국가의 행정 기구만이 아니라 사경제의 기업체, 종교 단체, 군대, 정당 등 모든 대규모 조직에도 적용된다. 따라서 여기서 말하는 관료란 국가 공무원으로서의 관리뿐만 아니라 사기업의 관리직 사원, 그밖에 여러 기능적인 단체의 직원도 포함한다. 관료제는 현대 사회에서 법, 정치, 산업 등의 합리화의 원인이자 결과로서 점점 더 확산되는데, 그 이유는 관료제 조직이 그 어떤 다른 조직 형태보다 기술적으로 우월하기 때문이다. 즉 관료제 조직은 전문 지식을 수단으로 삼아 업무를 매우 효율적으로 수행하기 때문이다.

그렇지만 베버는 관료제의 확산이 가져오는 부정적인 결과도 지적하였다. 그는 현대 사회의 끊임없는 관료제화가 이 세계에 비인간하를 초래할 것이라고 주장하였다. "그 살아 있는 기계가 죽은 기계와 협동하여 미래의 저 예속의 틀을 만들어 내고 있다 … 우리 인간은 아마도 언젠가는 … 그 예속의 틀에 어쩔 수 없이 복종하게 될 것이다. 왜냐하면, 관료제는 그 어떤 다른 지배 구조와도 비교할 수 없을 만큼 이것을 훨씬 더 잘 수행하기 때문이다." (막스 베버, 《정치 논집》, p.151. 다음에서 재인용. 칼 뢰비트, 《베버와 마르크스》, 문예출판사, 1992, 68쪽)

이 세계의 합리화와 관료제화의 멈출 줄 모르는 진전에 대한 베버의 견해는 마르크스의 소외론과 비슷한 면이 있다. 현대 자본주의의 합리적인 조직 방식이 집단의 생산성과 조직의 효율성을 크게 증대시켰다는 점에서는 그 두 사람이 같은 생각을 갖고 있다. 뿐만 아니라 관료제적 합리화가 점점 더 압도적으로 실현되고 있는 오늘날의 사회가 인간을 비인간화하는 괴물이 되어버렸다는 사실에 대해서도 그 두 사람은 의견이 일치한다. 그렇지만 마르크스가 생산 수단의 국유화를 통해 인간이 소외를 극복할 수 있다고 주장한 것에 대해서는 베버는 동의하지 않았다. 베버는 관료제적 합리화라는 이 냉정한 사실이 사회주의 사회에도 여전히 존재하며, 오히려 이 사회주의 사회에서는 자본주의 체제보다 훨씬 더 엄격한 관료제적 규제가 확립될 것이라고 주장하였다. "사회주의 식으로 조직된다는 것은, 자본주의와 똑같은 기술적인 성과를 달성하려고 한다면 전문 관료제의 의의가 엄청나게 커진다는 사실을 의미할 뿐이다"(이 책 102쪽), "모든 합리적인 사회주의는 그 관료제 기구를 그저 받아들이지 않을 수 없으며 또 증대시킬 것이다"(이 책 103쪽).

그렇다면 사회 전체의 합리화와 관료제화 경향에 직면해서 "개인

주의적인 활동의 자유"를 보호하려면 어떻게 해야 하는가? 이 문제에 대해서 베버는 마르크스와는 달리 해법을 제시하지 않았다. 그는 비관주의 입장을 취했다. 그는 인류가 장차 지상 낙원에 도달하기보다는 철창iron cage에 갇힐 가능성이 크다고 생각하였다.

그렇다 하더라도 베버의 관료제론은 커다란 미덕을 지녔다. 그것은 마르크스가 보지 못한 것을 지적하면서 문제의 범위를 확대시켰다는 점이다. 베버는 현대의 대규모 조직에 대한 이념형적 분석에 머무르지 않고, 관료제화가 가져오는 정치사회학적 결과도 다루었다. 이때 그는 현대 사회의 여러 영역에서 일어나고 있는 관료제화 현상을 인간의 "활동의 자유" 문제와 연결시켜 진단하였는데, 인류의 역사는 그의 진단이 옳다는 쪽으로 흘러가고 있는 것 같다. 사회주의에 대한 그의 평가가 하나의 증거가 될 것이다. 이상과 같은 점에서 보면 막스 베버의 관료제론은 현재뿐만 아니라 미래에도 계속해서 매우 중요한 연구 주제가 될 것이다.

2018년 7월

이상률

옮긴이 **이상률**

고려대학교 문과대학 사회학과와 같은 대학원을 졸업하고, 프랑스 니스대학교에서 수학했다. 현재는 번역가로 활동 중이다. 주요 번역서로는 클로드 프레데릭 바스티아의 《국가는 거대한 허구다》, 가브리엘 타르드의 《모방의 법칙》, 《여론과 군중》, 표트르 크로포트킨의 《빵의 쟁취》, 막스 베버의 《사회학의 기초개념》, 《직업으로서의 학문》, 《직업으로서의 정치》, 《도교와 유교》, 베르너 좀바르트의 《사치와 자본주의》, 칼 뢰비트의 《베버와 마르크스》, 데이비드 리스먼의 《고독한 군중》, 세르주 모스코비치의 《군중의 시대》, 그랜트 매크래켄의 《문화와 소비》 등이 있다.

관료제

1판 1쇄 발행 2018년 9월 10일
1판 2쇄 발행 2020년 6월 30일

지은이 막스 베버 | 옮긴이 이상률
펴낸곳 (주)문예출판사 | 펴낸이 전준배
출판등록 1966. 12. 2. 제1-134호
주소 03992 서울시 마포구 월드컵북로 6길 30
전화 393-5681 | 팩스 393-5685
홈페이지 www.moonye.com | 블로그 blog.naver.com/imoonye
페이스북 www.facebook.com/moonyepublishing | 이메일 info@moonye.com

ISBN 978-89-310-1118-0 03300

「이 도서의 국립중앙도서관 출판예정도서목록(CIP)은 서지정보유통지원시스템 홈페이지(http://seoji.nl.go.kr)와 국가자료공동목록시스템(http://www.nl.go.kr/kolisnet)에서 이용하실 수 있습니다.(CIP제어번호: CIP2018027679)」